中南民族大学中央高校基本科研业务费专项资金项目“在线教育资源的可访问性优化研究”（CSY18039）
中南民族大学项目“信息技术与课程的深度融合实践探索——基于网络平台的混合式教学研究”（JYX17027）

技术革新教育系列

无障碍虚拟学习环境的设计研究

Design Research About Accessibility for Virtual Learning Environment

胡 燕 著

科 学 出 版 社
北 京

内 容 简 介

学习科学研究发展趋势显示，学习环境已成为教育革新研究的重心之一。应用虚拟现实技术来改进学习过程和创造新的学习环境是目前学习科学的发展趋势。本书针对现有的虚拟学习环境对学习的顺序考虑不足，没有足够的工具或支架使学习者获得技能，交互手段单一，以及可访问性存在障碍等问题，进行面向实践性课程的虚拟学习环境的设计研究与实证分析，研究虚拟学习环境的构建、体系结构、虚拟学习环境学习支持设计等；针对虚拟学习环境的无障碍访问要求，引入包容性设计，研究包容性设计的实现过程，拟订虚拟学习环境无障碍建设方案。

本书可供教育技术学专业学生、教育技术与信息化工程研究人员及相关教学人员等参阅。

图书在版编目(CIP)数据

无障碍虚拟学习环境的设计研究 / 胡燕著. — 北京：科学出版社，2018.6

ISBN 978-7-03-056407-8

Ⅰ. ①无…　Ⅱ. ①胡…　Ⅲ. ①教育环境–研究　Ⅳ. ①G40-052.4

中国版本图书馆 CIP 数据核字(2018)第 012979 号

责任编辑：付　艳　崔文燕　王志兰 / 责任校对：孙婷婷
责任印制：张欣秀 / 封面设计：润一文化

编辑部电话：010-64033934
E-mail：edu_psy@mail.sciencep.com

科 学 出 版 社 出版
北京东黄城根北街 16 号
邮政编码: 100717
http: //www.sciencep.com

北京建宏印刷有限公司 印刷
科学出版社发行　各地新华书店经销
*
2018 年 6 月第　一　版　开本：720×1000　B5
2018 年 6 月第一次印刷　印张：10　3/4
字数：170 000

定价：69.00 元

（如有印装质量问题，我社负责调换）

前　言

本书致力于有效学习环境的设计和对发生于所设计的学习环境中的学习过程的理解。应用虚拟现实技术来改进学习过程和创造新的学习环境是学习科学发展趋势之一。目前，绝大多数的虚拟学习环境都存在以下四个方面的局限性。

1）对教学或学习的顺序考虑不足。实践性课程的特点是，基本知识和对应环节的实践练习必须有步骤、有次序地进行，这样才可能形成技能；而目前以建构主义学习环境为理论基础的虚拟学习系统，主要针对松散界定的、结构不良的领域，对教学或学习的顺序考虑不足，不利于学习者达到学习目标。

2）没有足够的工具或支架使学习者获得技能。学习者通过网络学习难以获得实际操作能力，一些实践性较强的科目很少被开发或集成虚拟实验室，学习空间有待进一步扩展。同时，已开发的虚拟学习系统与真实系统存在较大差距，可操作性有限。

3）交互手段单一。系统多以呈现教学材料为主，并不针对实践性课程设计，其交互和学习策略不能充分结合具体知识点和学习情境得以实现。

4）国际的法律和政策大都提倡无障碍（accessibility），要求信息技术领域（如网站、应用软件）对所有人无障碍或可访问。目前，一些虚拟学习环境无法有效地满足所有类型的人群（如部分残障人士）的需要，不能满足人人皆学及通过任意方式和使用任意步调学习的诉求。

本书针对以上问题进行研究，进行面向实践性课程的虚拟学习环境的设计研究与实证。CDIO[conceive（构思）、design（设计）、implement（实现）、operate（运作）]工程教育模式适合工科教育教学过程中各个环节的改革，以从产品研发到产品运行的周期为载体，让学习者以主动的、实践的、课程之间有机联系的方式进行学习。本书是在 CDIO 模式下进行的探索和研究，各章节主要内容如下。

第一章简要介绍了面向实践课程的虚拟学习环境设计的研究意义及虚拟学习环境设计的研究内容。

第二章运用基于设计的研究方法进行面向实践性课程的学习环境设计，提出虚拟学习环境的设计研究思路,凸显设计研究的情境性特点和动态评价特征。构建实践性课程的虚拟学习环境的出发点主要有两个：①展开深度学习的学习内容设计；②展开以学习者为中心的学习支持设计。

第三章以乔纳森学习环境设计模型为指导，构建面向实践课程的虚拟学习环境设计模型。该模型区分了实践性课程领域内不同的知识类型，包括良构知识和非良构知识，并有针对性地进行设计。以此为基础，本书研究实践课程的虚拟学习环境的构成、交互式学习空间及认知工具的构建、虚拟学习环境的功能设计和体系结构等，并提供利用相关技术实施虚拟学习环境构建的案例。

第四章提出面向实践课程的虚拟学习环境学习支持设计。采用多种策略集成的学习支持设计，以促进学习者自我调节学习为中心，以电子课程为例提供实践课程的虚拟学习环境学习支持案例，具体开展交互性虚拟实验室及交互性虚拟教室的研究，扩展学习空间；开发虚拟教师、虚拟学生来加强学生间和师生间的交流与协作；开发智能测试系统、即时交流、问题查询等认知工具，区分良构知识和非良构知识，为学习者进行建构性学习提供各种学习资源和工具。

第五章对面向实践课程的虚拟学习环境进行实证研究。本书以实践性较强的电子技术课程为例，针对学习环境的要素——课程内容、活动、工具、学习者及教师角色等进行实证研究设计；对于虚拟学习环境，通过混合式学习应用模式进行设计与实施。该章通过有效问卷的统计分析、学生考试试卷的分析及电子线路实验实践效果分析，对虚拟学习环境的应用与学生实践能力发展之间的关系进行定性、定量的实施效果分析，并且用评价研究来为设计研究提供依据。

第六章引入包容性设计。包容性设计全面考虑了人的多样性，如能力、语言、文化、性别、年龄及其他个体差异，支持个人或群体的多样性。包容性设计的应用是解决目前虚拟学习环境无法有效地满足所有类型的学习者和有一定残疾程度用户需求问题的重要方法。另外，针对我国虚拟学习环境的实际状况，该章具体拟订了基于包容性设计的虚拟学习环境建设方案，扩大了虚拟学习环境的受惠面，促进了教育资源的平等获取。

第七章进行了面向实践课程的虚拟学习环境研究总结及研究展望。

胡　燕

2017 年 12 月

目　　录

第一章 绪 论

学习环境的设计及观察其中学习者的活动与变化，是学习科学研究的重要课题。应用虚拟现实技术来改进学习过程和创造新的学习环境是目前学习科学的发展趋势，面向实践课程的虚拟学习环境设计研究有其重要意义。本章将分析国内外研究现状和存在的问题，梳理本书的主要研究内容，给出面向实践课程的虚拟学习环境设计研究的方法与逻辑。

第一节 面向实践课程的虚拟学习环境设计研究的意义

国际学习科学研究发展趋势表明，学习环境的研究已经成为教育革新研究的重心之一（R. 基思·索耶，2010）。学习环境是学习资源和人际关系的一种动态组合，既有丰富的学习资源，又有人际互动的因素。其中，学习资源包括学习材料、帮助学习者学习的认知工具、学习空间等；人际关系包括学习者之间的交往和师生之间的交往，学习者不但可以得到教师的启发、引导与支持，而且学习者之间可以相互协作与支持。在一个学习环境中正在发生什么，学习环境又是如何提高学习者的学习绩效的，是学习科学研究的方向。它要解决的问题有：如何改进学习环境的设计来促进学习；不同的学习环境如何有助于学习；学习环境的要素，如课程内容、活动、工具、教师和学习者角色等，如何设计；学习者中心的技术设计怎样服务于学习者的学习；如何培养学习者的兴趣并持续关注他们从事的学习活动；如何创建学习者喜欢的“学习共同体”文化；如何在学习者的学习活动过程中提供“脚手架”等。

在计算机等现代技术普及之前，学习环境的设计受到极大的限制，要想营造真实的学习环境，只能让学习者进入学习过程和场景“绝对真实”的情境之中进行实践，但时间、财力、人力、物力上的限制决定了这种真实学习环境的设计的局限性。随着视频、网络等技术的广泛应用，学习环境得以走向“虚拟真实”，即通过技术创建高度仿真的模拟情境和虚拟现实，追求意义上的真实，从而突破了学习环境设计的瓶颈。

学习科学认为计算机能够支持学习者经历和体验深层学习行为，因为计算机能够把抽象的知识用具体形象的形式进行表征，可以让学习者以可视化、言语化的方式表达知识，能让学习者通过用户界面运用和修改他们正在学习的知识，可以支持学习者进行同步的表达、反思和学习，能支持视觉、听觉相结合的反思模式，可以帮助学习者与他人协作（R. 基思·索耶，2010）。虚拟现实技术的应用是基于计算机教学系统的合乎逻辑的发展步骤，虚拟现实技术的可视化功能和处理能力可以有效支持深层学习。应用虚拟现实技术来改进学习过程和创造新的学习环境如虚拟学习环境（virtual learning environments，VLEs）已是学习科学发展的趋势。

虚拟学习环境是基于计算机的学习系统，主要用来支持网络学习的内容传递，促进在线师生间的交流。虚拟学习环境支持全面的学习、教学和管理（刘志华，2010）。虚拟现实是利用计算机生成一种模拟环境，通过多种传感设备将用户投入该环境，实现用户与该环境直接进行自然交互的技术（汤跃明，2007）。虚拟现实技术能够提供视觉、听觉、触觉等多种感觉信息，能够将三维空间的意念清楚地表示出来，能使参与者直接、自然地与虚拟环境中的各种对象进行交互作用，参与者能够身临其境地参与到虚拟环境中事件的发展变化过程中（汤跃明，2007）。这种多维度的交互式信息环境，可以为参与者以直观、有效的方式掌握新知识、新技能提供新途径。虚拟现实提供了对真实世界中某些现象的模拟，学习者在这种环境中可以不同的方式对其进行处理、探索及实验。例如，学习者可以设计自己的实验环境，在做实验时创建新物体，操纵其变量，控制其参数及各种因素，反映到真实的世界，为参与者提供机会去尝试不同的选择（黄荣怀等，2006）。虚拟现实环境通过“做”来支持学习，从而激发学习者主动地参与并掌控自己的学习，而不是被动地接纳讲授式的知识。虚拟学习环境可以给学习者提供参与解决各种问题的平台，即基于问题的学习环境，可以促使学习者参与并支撑他们进行开放式研究和解决实验中的各种问题，学习环境作为物理环境的虚拟模型在发挥作用。虚拟学习环境通过提供能吸引学习者参与其中的活动——模拟，使学习者更多地参与和计划自己的研究，通过探究与重建自己对世界的思维模式，来构建对这个微型世界中的基础原理的理解（李欣，2008）。

基于时空分离的教与学活动是网络教育的本质特点。沉浸、互动、情节化的特点正是虚拟现实技术的独特之处，如果能利用它创建一个虚拟的教学环境，学习者就可以身临其境地学习了。虚拟教学环境可以有效地促使学习者进行合作学习，这种学习为有意义的知识建构提供了很好的支撑。虚拟学习环境是基于网络的学习环境，在系统中形成的虚拟学习社区，是由学习者和教师为共同完成目标组成的教学小组，学习者可以通过相互交流、互动、协作等方式进行学习。

学习者被看作建构个人心智模式的有意图的、主动的、反思的能动者。学习的迁移需要发展良好的心智模型，有意义的学习和理解需要学习者构建自己的心智模型。心智模型是人们在构建现象过程中所形成的个人理论的内在心理表征。为了建构心智模型，学习者必须探究并处理现象，观察其结果，并产生其观察和处理现象的心理表征。文本、图片、动画、语音、视频、音乐等资料可以让学习者与物理现象进行实时的交互，这些交互环境使现象及其他们之间的关系可视化，这种可视化提供了思维的模型。虚拟学习环境的设计研究日的在于研究构建能够培养并促进学习者建立心智模型的学习环境，如果能够提高虚拟现实环境的真实性和交互性，则有助于学习者更好地构建心智模型（R. 基思·索耶，2010）。

实践课程的虚拟学习环境的设计研究遵循CDIO的理念和方法，CDIO所体现的“做中学”的理念和方法适合工科教育教学过程中各个环节的改革，实践课程的虚拟学习环境的设计研究是在 CDIO 模式下进行的探索研究。

第二节　面向实践课程的虚拟学习环境设计研究内容

如今，国际上越来越多的项目提供虚拟学习环境，如何运用技术设计虚拟学习环境、探讨科学的理论和方法怎样被整合到虚拟学习环境中，用于促进教学和学习，具有非常现实的意义。

一、国外研究现状

布朗认为虚拟学习是认知学徒制的一种拓展形式，柯林斯和布朗相信人类能开发出复杂的基于计算机的学习环境，将示范、指导等学徒制的核心思想嵌入计算机中，从而在学校中恢复学徒式的学习，给学习者提供类似于学徒的经验，而且能有效克服传统学徒制中很小的师生比要求的制约。

早期的虚拟学习系统有如下例子。

1）美国 BBN 科技公司的科学家在 20 世纪 70 年代就致力于开发计算机辅助的智能教学系统，该系统能够像人类导师一样询问学习者问题，学习者可以随时打断它来询问问题，这种辅导性对话可以通过输入英语进行，系统能够基于其语义网络理解和输出文本。BBN 科技公司于 1980 年以后开发了许多强调个性化对话和学习者建模的系统，即智能导师系统（intelligent tutoring system，ITS）。该系统能提供类似于传统学徒制中专家所能提供的对学习者的密切关注和即时反馈，从而使更多的学习者从学徒制中受益。而近年来广泛应用的多媒体和网络技术，更是可以方便地给学习者提供逼真的虚拟情境，让学习者通过在线共同体得到专家的指导，进行同伴之间的讨论和协作等。

2）Be There Now 公司开发的教师远程辅导项目使学科专家可以在家中观察教师的课堂教学，如同坐在受指导的教师面前一样和教师交互，为其提供建议和指导。研究表明，这种远程指导与传统的教师同伴指导和专家当面指导相比，交互性更强且生动性不受影响。它不仅克服了时空的局限，降低了经济花费，还使受到指导的教师的能力显著增强，其学生的成绩也有明显提高（蒋耕晨，2011）。

3）可视化协同学习整合了可视化工具和交流工具，美国 K-12 教育中的学习环境就是应用了这种模式。在可视化协同学习环境中，学习者可以进行开放的类似于科学家真实实践的科学调查和探究。可视化协同学习环境的软件系统具有记录活动、功能选择及与他人分享工作过程等功能，学习者可以反思和清晰地表达其在科学探究过程中和通过这些过程获得的知识（戴维·乔纳森等，2007）。

目前，国外较知名的虚拟学习环境有 AutoTutor（www.autotutor.org）、WebCT（Web Course Tools）、WizIQ（www.wiziq.com）、Elluminate Live（www.elluminate.com）、Wimba Classroom（www.wimba.com）、Acrobat Connect Professional（www.adobe.com）、Virtual-U、TopClass LCMS（learning content management system，LCMS）、Learning Space（www.learningspace. org.uk）等。

1）AutoTutor 是由多学科的研究人员共同参与的教学研究团体所开发的系统，可以用于教授经典物理和计算机文化。其在用户界面、教学内容和教学过程等方面设计得比较全面，主要具有以下功能：主体选择、课程描述、评价学习者在协作问题解答中的贡献、教学对话迁移、系统绩效评估、语音合成、图像显示及虚拟人物形象（agent）能模拟面部的简单动作等（陈家刚，2009；Hu and Graesser，2012）。

2）WebCT 是市场占有率全球第一的网络课程管理平台，由不列颠哥伦比亚大学（University of British Columbia，UBC）计算机科学系开发。它具有一系列可以自动与课程内容紧密集成的学习工具，包括会议系统、小组项目组织、在线聊天、学习过程跟踪、学习者自我评价、成绩管理与发布、访问控制导航、定期测试、电子邮件、索引自动化生成及课程内容搜索等模块。WebCT 设计有讨论板、聊天室、白板、在线会员、直播课堂、语音卡等交流工具，具有较强的交互功能。其既可用于高校网络辅助课程教学，也可用于远程教学。

3）WizIQ 是全球最大的免费实时网上教学交流平台。该平台提供虚拟教室、在线测试、辅导、课程录像、实时视频音频聊天、电子白板、文本交互工具和评估工具等功能（D'Mello et al.，2012）。

4）Elluminate Live 是北卡罗来纳州立大学（Noth Carolina State University，NCSU）的同步学习管理系统，此系统可以组织虚拟会议，来自不同地区的学习者可组成以解决问题为目标的讨论小组。系统具有实时演示、指导、实时视频/音频及文本聊天、文件共享、测试、评估、交互式白板、会议记录和虚拟实验室等功能。

5）Wimba Classroom 是基于网络的同步课堂应用，其可以使教师和学习者通过计算机完成教学和学习。音频、视频等演示工具通过桌面共享、白板及内容展示使虚拟环境尽可能地接近面对面的教室环境。整个网络课堂可以被记录和存档以便将来浏览。

6）Adobe 是美国著名的图形图像和排版软件的生产商，其软件产品之一 Acrobat Connect Professional 既可以支持音频和视频会议，又可以应用于教育上一对多或多对多的实时教学活动。

7）Virtual-U 是 Enlight（http://www.enlight.com/）公司开发的教育游戏软件，能切实满足学习者和学校教学的需要，如让米奇和米妮教学习者说英文，学习者可以和跳跳虎、小猪一起玩几何拼图等。

8）TopClass LCMS 是由 WBT Systems 公司开发的学习内容管理平台。

9）Learning Space 是建立于群件系统 Lotus Domino 之上的集学习环境、课程开发和课程管理为一体的网络教学系统。它具备基本的交互功能，如在线聊天等，以及简单的课程开发功能和基本的课程管理功能。

美国普渡大学（Purdue University）最新研究的远程教育系统能提供扩展的校园教育活动，如讲座、学习小组，能提供有效的师生互动交流平台——增强虚拟现实教室。该平台将远程学习者和现场学习者集合在一个教室，并整合成一个统一的虚拟环境，远程学习者可以与教师保持高品质的视觉接触，教师可以知道学习者的面部表情、身体语言等。系统可以部署在任何教室或办公室，远程教育已经成为校园教育不可分割的一部分。

Coursera（CSR）于 2012 年 4 月正式在线运行。通过 CSR，学习者可随时获得世界名校的免费课程，并与业界知名教授进行交流。很多高校通过 CSR 让“翻转课堂”实践成为可能。调研显示，不少学习者因为欠缺基础知识或缺乏有效的交互体验而中途放弃 MOOC 平台上的学习，这需要 MOOC 平台在本土化和兼顾多类学习者特征方面做更多的努力，也需要借助云平台降低在线教育的成本。清华大学在线教育综合平台发布的 MOOC 版，具有适应在线教育的诸多特点：基于小知识单元的学习序列、提供即时反馈、提供虚拟实验、将内容与平台深度整合及高效利用社会化学习平台等。该平台可以通过课程微博发布课程最新消息，充分利用站内微博、圈子功能，以及站外微信、QQ 等的分享功能支持站内学习社区及站外社会网络系统的分享。

国外已经广泛利用 Canvas、Blackboard 等教学管理平台满足学习者在课堂内外进行自主学习和协作学习的需求。Blackboard 等教育信息化方案提供的服务覆盖了教学全过程，集课程建设、资源管理、移动学习、社区学习、交流互动、统计测评、在线课堂于一体。全球排名前 100 的高校中，74%的高校在使用Blackboard，目前中国已有数百家高校在使用Blackboard 推动教学过程管理、教学改革和教学模式创新，如北京大学、浙江大学、中山大学、中国科学技术大学等。

上述虚拟学习环境在以下几个方面体现了建构主义在其中的运用：在学习环境中，学习者可以利用各种工具和信息资源对当前所学的知识进行主动的意义建构，通过视频和音频聊天、电子白板及文本交互等工具进行讨论、合作，即“协作”“会话”，并解决实际问题；通过在线日志、公告栏里与辅导者的讨论，可以得到指导、帮助及启示；通过原型示范和在线日志进行清晰的表达及反思等。其中大部分虚拟学习系统都具有视频录像功能，这有助于提高创设模拟环境，使学习者在情境中有效地学习技能，而情境学习是建构主义学习环境设计的理论基础之一。

计算机能创造出模仿真实世界的情境，计算机模拟可以让学习者在真实的情境中练习，允许学习者尝试不同的行动路线，但又要避免危险和低效率，因而以计算机模拟为基础的虚拟实验室的开发和应用日益流行且不断完善，例如，学习者可以通过互联网在牛津大学化学信息产业中心虚拟实验室进行交互式化学实验。Virtlab 网站（http://www.virtlab.com）针对化学研发虚拟实验为学习者和教师分别设置了开放式的访问平台（黄荣怀等，2006）。麻省理工学院（Massachusetts Institute of Technology，MIT）创立的微电子在线实验室（microelectronics web lab）投入教学应用测试后，其使用版本不断升级更新。美国斯坦福大学（Stanford University）的远程光学虚拟实验室可以向用户提供监听和控制功能及实验室的日程安排、参考资料和分析工具。约翰·霍普金斯大学（Johns Hopkins University，JHU）的虚拟工程与科学实验室可以实现工程科学方面的主要实验，如逻辑电路等。

国外相关研究已基本涵盖虚拟系统的设计、开发与实现、教学应用实践、调查与评价四个方面，并且已逐步做到将评价与设计相结合，形成了设计—评价—再设计的循环体系（Wang et al.，2011a）。

欧洲学校网（European Schoolnet）是专门调查和研究学校和课堂使用虚拟学习环境情况并向有关部门提供决策信息的机构。它曾在欧洲 28 个国家进行了一项虚拟学习环境使用情况的专门调查，其结果比较全面地将虚拟学习环境的教学功能展示了出来。调查结果表明，各种在线协作工具的使用相当普遍，尤其是 E-mail、文件共享、文件上传等异步交流工具的使用（刘志华，2010）。尽管欧洲学校网的调查没有深入到虚拟学习环境的应用与学习者发展之中，但已经在一定程度上反映出虚拟学习环境对教育教学的影响。

二、国内研究现状

在国内，很多研究机构和大学也开展了虚拟学习环境的研究。

WebCL（web-based cooperative learning，基于协作的学习）系统，由北京师范大学知识科学与工程研究所开发。其主要功能有支持任务和分组，支持资源管理，支持多形式、多层次的交互，支持作业管理，支持多种评价方式及人性化的个人私有空间。其中，电子学档的设立能记录学习者的学习过程且能为学习者提供反思学习的空间（Andújar et al.，2011）。

在虚拟实验室方面，浙江大学电气工程学院研制了远程实验室系统；上海交通大学建立了面向大学物理实验教学的虚拟实验系统；北京师范大学研发了基于虚拟空间的三维电子线路实验环境，该系统具有实物建模的功能，且用户交互界面友好，该系统可以帮助学习者掌握电子线路实验中常见的仪器操作方法，深化对基本实验电路的理解；北京理工大学自动化学院建设了基于互联网的远程控制测量与决策研究创新实验室；北京航空航天大学建立了网上虚拟现实研究论坛，提供实时三维动态数据库、虚拟现实演示环境及虚拟现实应用系统的开发平台；北方工业大学开发了以 B/S 结构为基础的网络化电工电子虚拟实验室，可以实现简单电路的仿真（黄荣怀等，2006）。

三、存在的问题

国内外绝大多数的虚拟学习环境的研究目的是为学习者提供促进其学习的各种工具，满足学习者相对广泛的学习风格和学习要求，鼓励其协作学习，支持基于资源的学习并允许资源的广泛共享及重复使用。但是它们都分别存在一些问题，概括起来有以下几点。

1）以建构主义学习环境为理论基础的一些系统，主要针对松散界定的结构不良的领域，对复杂性和多样性的递增及全局技能先于局部技能等学习顺序考虑不足。而实践性课程强调基础知识的准备和相应环节的有步骤的实践练习，这才是形成技能的必要条件。如果实践性课程所依托的学习环境没有考虑学习的顺序，就会导致学习者达不到学习目标。

2）学习者通过网络学习难以获得实际操作能力，虽然因特网被认为是培养“做中学”能力的一种积极媒介，通过各种社会性的支架可以帮助学习者创造反思性的实践课程，但是实际上并没有足够的工具或支架使其获得技能。一些实践性较强的科目很少开发或集成虚拟实验室，学习空间有待进一步开发。已开发的虚拟系统与真实系统存在较大差距，可操作性有限。已开发的虚拟系统并没有结合具体学科领域的特点开展关于虚拟学习环境的设计研究，而针对实践性强的科目的学习环境设计必须结合具体情境进行设计。

3）将设计研究方法和虚拟学习环境设计相结合的研究比较少。基于设计的研究是新兴的学习科学的主要研究范式，它本质上是一种面向未来的革新行动，是通过“设计”改变学习环境并借此理解发生于其中的学习，而不是将“理论简单应用于实践”或是对过去教学方式的无意义重复。设计研究起源于一个实践情境中的问题，然后通过广泛的考察界定问题，并在现有学习研究理论的基础上建立推测或设计原型，形成干预系统设计，进行实施评价与迭代设计，最后发表产出，促进持续革新（杨南昌，2010）。运用基于设计的研究方法来进行面向实践课程的虚拟学习环境设计研究值得深入探索。

4）学习资料的设计大多遵循“呈现学习材料—学生反应—信息反馈”的模式，但大多数系统以呈现教学材料为主，交互手段不足。一些网站虽然设计了讨论板、聊天室等交流方式，但是并没有通过网络形成良好的师生交互环境。另外，教师很少与学习者实时互动，个人之间或小组之间的信息、资源也不能及时共享与交流。一些虚拟学习环境并不是针对某门实践性课程设计的，其交互策略和学习策略不能充分结合具体的知识点和学习情境得以实现。同时，这些虚拟学习环境对于学习者学习关注较少，系统智能性不足，对于不同认知水平的学习者和不同的教学内容采用相同的教学策略、学习策略，导致实施因材施教和自主学习较难。

5）目前，国际上的法律和政策大多提倡无障碍，要求信息技术领域如网站、应用软件对所有人达到无障碍或可访问。国家教育事业发展“十三五”规划提倡“推进教育公平”，推动“互联网+教育”发展，促进优质教育资源共建共享。目前，一些虚拟学习环境无法有效地满足所有类型的人群（如部分残障人士）的需要，不能达到人人皆学的目的，无法满足以任意方式及任意步调学习的诉求，研究如何改善虚拟学习环境以适应不同学习者的无障碍需求，扩大受益人群面，以促进教育公平，是值得关注的问题。

6）关于我国虚拟学习环境的应用与学习者发展之间的关系的研究较少。关于虚拟学习环境的应用调查与评价方面的研究很少，远不能实现评价、调整和再设计的良性状态。

四、本书的主要研究内容

设计研究将理论研究和实践应用通过交织在一起的设计和研究过程而整合起来。设计被看成知识建构的过程，需要面向实践。设计并开发有效的学习环境，解决学习者的学习问题并促进教学实践发展，还需要提升理论水平，如有关学习的理论水平和促进有效学习的设计理论水平。也就是说，设计研究需要提高学习者对学习和认知的理解，并形成实践这些学习理念的设计原则。

根据以上理念，本书针对实践性较强的学科，研究虚拟学习环境、设计研究框架和构建虚拟学习环境设计模型；研究虚拟学习环境的构建；研究面向实践课程的虚拟学习环境学习支持设计及策略；以电子课程为例实施虚拟学习环境的应用分析和评价研究；研究虚拟学习环境该如何运用到课程学习中以更好地理解学习和促进认知，在虚拟学习环境设计中如何利用包容性设计以适应不同学习者的无障碍需求；提供解决学习者学习和实践问题的新思路。

本书的主要研究内容如下。

1）运用基于设计的研究方法进行针对实践性强的课程的学习环境设计研究，研究其设计研究框架，凸显设计研究的情境性和动态评价特征。

2）以乔纳森的学习环境设计模型为指导，根据实践性课程的特点，区分领域内不同的知识类型，提出较为完善的虚拟学习环境的设计模型，在此基础上进行面向实践课程的虚拟学习环境的构建，并着重研究虚拟学习环境学习空间及认知工具设计，虚拟学习环境人际交流与协作、虚拟教师指导设计，以及虚拟学习环境系统功能和系统架构设计。

3）虚拟学习环境构建的出发点是促进深度学习的学习内容设计和以学习者为中心的学习支持设计，研究如何设计和实现学习支持设计策略。本书以电子课程为例具体实施交互性虚拟实验室及交互性虚拟教室的研究，提供学习实践的项目和环境；设计虚拟教师、虚拟学生，加强学生间、师生间的交流与协作；设计智能测试系统、即时交流、问题查询等认知工具，提供支持学习者进行建构性学习的各种学习资源和工具，进一步实现虚拟学习环境的可操作性，提高学习者在虚拟学习环境中的实践能力。

4）面向实践课程的虚拟学习环境实证研究。以实践性较强的电子课程为例，针对学习环境的要素如课程内容、活动、工具、学习者等设计，对虚拟学习环境以混合式学习应用模式进行设计与实施。通过有效问卷的统计分析、学生考试试卷的分析及电子实验实践效果分析，对虚拟学习环境的应用与学生实践能力发展之间的关系进行定性与定量实施效果的分析，并且用评价研究来促进设计研究。

5）引入包容性设计实现虚拟学习环境的无障碍，以包容性设计的三个特征为出发点建设虚拟学习环境，研究包容性设计的实现过程和包容性设计所用的用户建模工具，具体拟定基于包容性设计开发的虚拟学习环境方案，帮助学习者按照自己的使用偏好和个人需求选择相应的学习资源和使用方式。

五、面向实践课程的虚拟学习环境设计研究的方法与逻辑

第一章“绪论”，在虚拟学习环境研究背景、研究现状的基础上，提出研究的问题。第二章“虚拟学习环境设计研究实践框架”，是面向实践课程的虚拟学习环境设计研究的实践框架的基础。第三章“面向实践课程的虚拟学习环境设计模型”是全书的核心部分。第四章“面向实践课程的虚拟学习环境学习支持设计”，为操作层和支持点，是实践课程的虚拟学习环境模型的具体设计和策略。第五章“电子技术课程的虚拟学习环境实证研究”，这个示例应用和实证研究与第二章及第三章相互促进与改善，对操作层（即第四章）也有相互益知和修正作用。第六章“虚拟学习环境的无障碍研究”，针对目前在线教育资源的国际无障碍标准，研究如何应用包容性设计虚拟学习环境达到无障碍要求，并给出相应的案例。第七章“面向实践课程的虚拟学习环境研究总结及研究展望”，对虚拟学习环境的设计研究作出总结并展望了研究趋势。

虚拟学习环境的设计研究将多种方法和多领域专长知识整合在一起，以“基于设计的研究方法”为主线，针对实践性课程的特点，充分使用“实验研究”的方法，进行文献研究、问卷研究、案例研究、交互分析和评价研究等，同时整合多种方法，通过多个来源收集数据，以增强研究的客观性和可应用性，最终形成可推广的原则。

第二章 虚拟学习环境设计研究实践框架

设计研究是一种探究学习的方法论，其目的是设计一些“人工制品”[①]作为教学干预或革新用于实践，以潜在地影响自然情境中的学与教，并对学与教的各个环节作出阐释。设计研究通过设计、实施、评价、再设计的迭代过程产生基于证据的理论，并以此促进持续的教育革新（杨南昌，2010）。

设计研究聚焦于有效学习环境的设计和对发生于其中的学习的理解，是理解教育革新如何在实践中运作的重要方法论。设计研究基于现实问题设计，并且在设计实施过程中经过多次迭代的修正产生“设计的原则”，即实用的理论（杨南昌，2010）。本章针对面向实践课程的虚拟学习环境进行设计研究，进而探讨其实践框架及应用。

① “人工制品”是指学习科学家为提升教学实践和理解不同情境中的学习，通过设计而创造的软件、工具及由此组成的学习环境。

第一节 虚拟学习环境设计研究实践框架的建构

设计是建立在已有的人类学习、理论和研究基础上的过程和程序的系统执行。这种系统执行是一种理论驱动的系统执行。研究行动的最初设计原型和设计规划，应该建立在学习科学已有研究的基础上，并且置于学习科学关于学习共享观点的基本框架之内，如学习是社会性参与的，认知是分布式的，学习是群体互动过程中的知识建构等观点。关于设计研究，首先要选择一个有关学习或教学的理论，考察文献和以往的设计案例，以此来界定当前问题，并形成设计理论原型。在后续的研究过程中，收集数据并进行分析，决定哪些干预需要重新引入或抛弃，并且重新修正此理论原型，只有这样当初设计所基于的理论框架才可能得以扩展（R. 基思·索耶，2010）。

设计研究为学习科学与教学设计构架了一座走向互利统合的桥梁。学习科学关注于对支持不同情境和终身学习中的心理过程、社会过程和技术过程的系统研究与设计。教学设计的关注点在于如何产生一个有效系统以促进学习，教学设计研究包含教师、学习者、材料、技术、环境在内的影响学习的系统，此系统中的重要因素是技术。教学设计 ADDIE 模型与学习科学的解释方法相互统合，为设计研究开启了一条新思路。设计研究通过为特定情境设计学习环境的过程进行科学探究，并借此理解其中发生的学习，使得理论研究和实践设计紧密联系起来（R. 基思·索耶，2010）。

一、教学设计 ADDIE 模型介绍

教学系统设计过程的最基本模型包括分析（analysis）、设计（design）、开发（development）、实施（implementation）和评价（evaluation）五个阶段，取五个构成阶段每个单词的首字母进行组合，将其称为教学设计的 ADDIE 模型

（汪航，孙琪，2010）。图 2-1 是教学设计 ADDIE 模型，其中，实线表示从分析到评价的流程，虚线表示反馈路径，评价活动可以揭示在其他四个阶段中的何处需要修改。整个模型以系统的问题解决为基础，问题解决活动可发生在每个阶段中，而且整个过程不是以严格的线性方式进行的。评价资料被用来确定现有设计与内容的哪一部分是令人满意的，哪一部分是需要修改的，设计者可以回到分析阶段重新检查以前收集的资料，以便确定学习者的特点或工作要求是否已经发生变化，然后设计者会返回设计阶段，对目标、内容与学习活动进行一系列的修改。

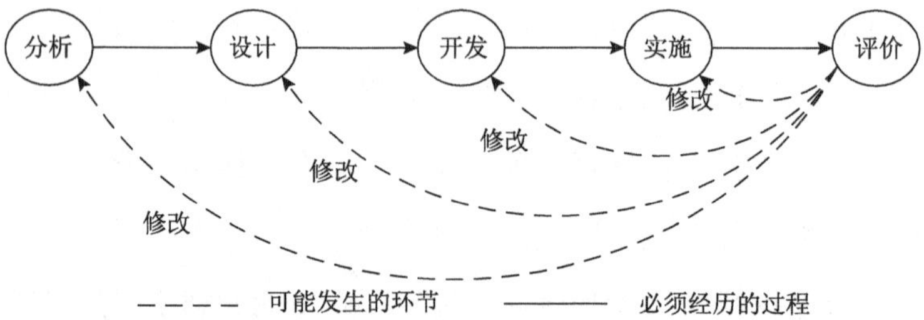

图 2-1　教学设计 ADDIE 模型

在此过程中，各主要成分中的步骤或子成分会随着模型所应用的情境而变化。ADDIE 模型现已成为经常被参照的教学系统设计过程的一般模型，它的各个阶段反映了系统性问题解决模型中的主要步骤，该模型始于对问题及其原因的识别（分析），然后提出问题解决方案（设计），并准备解决方案（开发），最后实施并确定解决方案是否成功（评价）。

二、扩展的 ADDIE 模型

传统教学设计者的大部分时间都用在了 ADDIE 模型的五大任务中。如今，在学习科学的学习环境设计研究中，设计者在熟悉学科内容的基础上，不仅要进行成功的学习环境设计，还要探究和实施能扩展到其他情境中的设计原则。教学设计模式包括对设计出的教学材料的形成性评价，而设计研究采用形成性实验，即需要考虑整个过程及学习发生的情境。设计研究不是从任务分析开始的，而是从观念实验开始的。观念实验采用教学设计的理论和方法开发出一个尝试性的、可修改的学习轨迹，此学习轨迹既描述了可能的学习路线又说明了学习支持手段。设计研究循环可以被视为包含着许多微循环的过程，每一个微循环都与设计出的学习轨迹中的一个学习任务有关，这些微循环覆盖了课堂内的学习任务，集合成与一个单元、一个学季或一个学期有关的大循环。

扩展的 ADDIE 模型（图 2-2）对于所研究的问题，通过文献回顾、问题背景分析和研究现状进行需求评估和分析；利用适当的理论和从分析中获得的信息，产生草拟原则，为学习环境设计做准备；利用理论框架、设计决断中的推理、设计模式和策略进行学习环境开发；实施学习环境，在实践中评价和检测解决方案；收集关于有效实施学习环境的各种数据，利用所有评价数据对学习环境的设计原则和模式进行修正，通过迭代完善并进行推广（杨南昌，2010）。

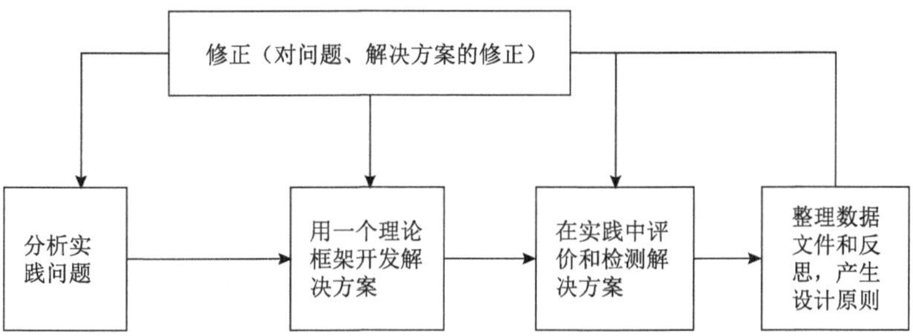

图 2-2　扩展的 ADDIE 模型图解

三、虚拟学习环境设计研究实践框架

接下来，我们开始整合设计研究一般过程模式共有的系统流程和学习环境设计理论的相关要素，构建虚拟学习环境的设计研究实践框架。

虚拟学习环境设计研究框架见图 2-3，整个框架由实践问题需求、理论驱动、设计原型描述、具有原型思想的系统设计（主要是学习内容和学习支持）、

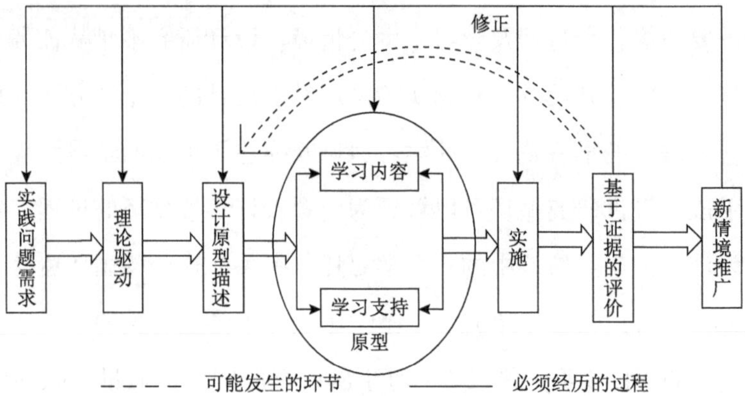

图 2-3 虚拟学习环境设计研究实践框架

实施、基于证据的评价及新情境推广等步骤组成，各个部分是相互作用、迭代修正的关系。

学习环境具有多种交互因素，尤其是学习内容和学习支持等因素。学习环境的构建需要基于学习科学知识和基于实践如何发生，从而设计出有效的学习环境，而且要对这种学习环境加以分析，并识别其中的创新之处及需要改进的环节，通过不断修正设计过程，才能达到优化学习环境的目的。

第二节 虚拟学习环境设计研究实践框架的要素

虚拟学习环境设计的关键要素有学习内容设计和学习支持设计，它们是虚拟学习环境设计原型的主要基础，直接影响着虚拟学习环境应用的成效。

一、促进深度学习的学习内容设计

学习内容指学习者将要学习的对象，学习内容设计指对学习者将要学习的对象进行设计，即如何组织知识领域如问题情境中的知识序列和链接设计，对学习任务与目标、活动内容设计及问题的设计等。学习内容的设计有如下指导原则。

1）学习内容设计指向知识中心的学习环境。知识中心的学习环境将注意力放在能够帮助学习者理解学科的重要概念及其知识结构上。

2）学习内容设计聚焦于深度学习。学习内容设计的目的不是使学生被动地接受和记忆，而是考虑学习者在与环境的积极互动中、在协作对话中完成对知识的意义建构和理解，强调的是如何促进学习者的深度学习。深度学习强调学习者对知识理解的深度，是与孤立记忆和非批判性接受知识的浅层学习相对的概念，是一种以理解为目的的学习，它强调学习者批判性地学习新知识和思想，并把它们纳入原有的认知结构中，在各种观点之间建立多元连接。深度学习有利于学习者更好地掌握知识，并将之迁移、应用到其他情境中。深度学习以学习者为中心，充满社会性交互，学习者能积极、投入地学习。当学习者有机会在真实世界中使用新知识的时候，深度学习就发生了。试图在表层覆盖一个学科领域的各个主题的学习方式,是不能成功发展学习者相应的能力素质的，而深层地切入更少的主题,能够使学习者理解一个学科的关键概念和核心思想。设计研究对学习内容的设计应该聚焦于如何能产生与传统授受主义教学实践不一样的深度学习。在深度学习目标的指引下，虚拟学习环境设计研究的学习内容设计应该考虑以下几个方面。

第一，学习内容的组织。确定知识易学或难学的特征、知识主题之间的关系，以及知识内容的组织和连接方式等；确定易于理解的知识的分割和排列方式；确定哪些知识内容能促进学习者的深度学习而非浅层学习。

第二，创造学习内容的新结构。确定学习内容的呈现方式，对某个知识点所包含的内容设计合适的媒体表现形式（如文本、图片或者视频）及合适的交互方式；信息的呈现顺序与组织方式；在学习内容的结构与学习活动的设计上，抓住关于科学现象的多元的、冲突的及常令人困惑的核心概念，通过创建多种理解途径来帮助学习者。

第三，将知识系统化。对于意义识记而言，理解越深、记忆越牢，多媒体材料的设计越应该注意将学习内容分解成若干个层次，由浅入深、由易到难、逐步呈现、层层递进，并且能引导学习者适时地对学习内容进行总结，使知识逐步系统化，促进学习者对新知识的理解和记忆。

第四，将学习内容“多样性递增”。即当学习者的某种技能变得很熟练时，引入一些需要多样化的技能和策略的学习内容，让学习者区分它们适用或不适用的条件。

第五，逼真的学习内容与活动设计。学习科学研究者近年来越来越普遍地提倡将逼真的实践活动作为学习者学习经验的一部分。在传统的学校教学中，知识生产和实践场景中学习的特征经常被忽略，造成学习者在理解知识意义上的缺失和意义建构上的困难。因而，需要在学习内容设计（问题是逼真的）和学习活动设计（活动是逼真的）上联系真实世界。所以，必须研究如何准确界定什么样的实践适合学习者介入其中进行学习，以设计适合学习者学习而又不会丢失专业实践的逼真的学习环境（R. 基思 · 索耶，2010；R. M. 加涅等，2007；程琼等，2010）。

二、以学习者为中心的学习支持设计

为了实现学习内容设计所指向的“深度学习、知识整合与逼真实践”的学习者学习目标，需要设计学习者在学习内容时所需要的学习支持，包括设计的工具、资源、策略、支架和人际关系等。学习支持设计的工作涉及在学习环境中系统如何指导和暗示学习者，如何以“脚手架”的身份支持学习者，如何影响学习者决定学习的进程及协作和交流如何进行等。在虚拟学习环境的设计研究中，学习内容和学习支持共同处于一个协同作用的系统当中，通过对学习内容和学习支持的循环设计，形成稳定的学习进程模式，从而创设学习环境。

学习支持设计可考虑的工具类型有：微型世界和模拟对抽象构件之间的关

系进行系统建模的探究环境；关于特定领域的超媒体、数据库或计算机导师系统等直接学习工具；数据收集和可视化工具；允许小组中的个体之间及与公共资源之间进行交互的合作工具等。

学习科学研究对学习和知识社会性的强调，建立了“学习是意义的社会协商”“学习是实践的参与”的学习新隐喻。根据维果茨基的社会文化理论，社会性是学习的固有属性，学习在学习者与教师、同伴、专家和其他人的交互中发生，社会交互和情感投入能够促进深度学习的发生，因而虚拟学习环境的设计需要关注学习者与群体的社会互动关系及与学习环境的互动关系，需要考虑学习者人际关系等社会结构因素（R. 基思·索耶，2010；陈琦，刘儒德，2011）。

在设计研究中，学习科学家所倡导的技术设计观是学习者中心设计。学习者中心设计的基本观点是：学习者需要努力学习才能进入某些工作领域，“做中学”的方法为学习者中心设计提供了启示。学习者自身必须表现出积极主动的学习心向和较强的学习动机，通过自己在参与和实践中的清晰表达、反思和探究，去解决问题、获得技能。[①]由于学习者的初学特性，面向学习者设计的虚拟学习环境除了需要考虑技术可用性外，还要强调软件中的支架设计，关注所设计的学习环境如何适应学习者，以使学习者快速适应他们不熟悉的复杂学习活动。以学习者为中心的设计需要对学习者进行全面了解，如学习者的背景、发展情况、性别、年龄和学习风格，学习者的动机、目标和要参与的练习，以及学习者在练习中可能遇到的困难等。设计者可以根据这些信息设计软件的功能，将支持学习功能的、能将内隐知识更直接清晰地展示给学习者的策略和特征镶嵌在软件中。

① Webcl. 2013. http://www.webcl.net.cn.

第三节　虚拟学习环境的混合式学习应用策略

混合式学习（blended learning，BL）是在网络环境下发展起来的一种教学策略。

混合式学习是一种综合运用不同的学习理论、不同的技术及不同的应用方式实施教学的策略。其核心思想是根据不同问题及要求，采用不同的方式解决问题，并且是付出代价最小而取得效益最大的解决问题的方式。混合式学习强调在恰当的时间运用恰当的学习技术以达到最好的学习目标。混合式学习模式注重课堂教学师生间的有效交流和网络学习时学生对所学内容的积极建构，把以学为主的教学设计和以教为主的教学设计结合起来，代表一种教与学的和谐统一（刘志华，2010）。

虚拟学习环境对于混合式学习教学策略的实施起着无可替代的作用。虚拟学习环境在混合式学习教学过程中有不同的功能和应用方式。按照从简单到复杂的顺序，虚拟学习环境具有如下功能。

1）传递内容。虚拟学习环境通常用来发布及访问课程材料和实施课程管理。

2）基于基础知识学习和高级知识学习的学习活动支持和学习评价。虚拟学习环境作为学生、教师的沟通手段或计算机辅助学习资源“用于学习内容封装的外壳”，可用于测试练习并实施总结性考核；也可以为校内学习的学生提供额外的支持和实践机会或作为基于项目学习的协作平台。

目前高校的实验课程经常采用虚拟实验和真实实验平台结合的方式，以加强和补充学生真实实验的不足之处。例如，“自动控制原理”课程的实验教学一般采取两种模式：一种是基于 Matlab 的软件仿真实验模式；另一种是基于电子线路的控制系统的硬件实现模式。

两种模式各有优缺点，软件仿真实验模式能够灵活地构建实验系统，便于进行控制系统的原理验证和设计，但是软件仿真不接触实际器件，容易造成学生对控制系统的感性认识不足，也不能锻炼学生的硬件调试能力，并且软件仿真实验是在理想情况下进行的，不能完全反映实际系统的故障和异常运行情况，容易导致学生缺少对实际问题的分析及对控制系统的切实体会。硬件实现模式基于常规器件对系统进行搭建，由信号发生器来产生阶跃、正弦等典型信号，由双踪示波器来观察输入及输出信号，进而分析系统的稳定性、频率响应等特性。这种方式能锻炼学生的动手实践能力，但系统构建和测试所耗时间长，会导致学生专注于电路的实现，忽视对所搭建的控制系统实现方式和实验结果的分析和思考；实验中经常会受到元件参数不稳定的影响或设备条件的限制，使实验值和理论值不吻合或误差过大，学生容易产生错误的理解；某些内容无法实验，或实验结果不直观。因此，设计虚实结合的实验平台，结合软件模式和硬件模式的优点，对实验平台和实验项目进行合理设计，使学生通过该平台进行“自动控制原理”课程实验，既能实现对控制理论的思考，也能获得对控制系统的具体实现和调试的切身体会，在实验过程中实现对课本知识的理解与升华，提高学生的工程实践应用能力。

3）典型的在线学习（e-learning）。虚拟学习环境以完全综合化的活动来传递完整的在线课程（刘志华，2010）。

例如，IBM 公司“行政人员培训”项目是面对面的教学与虚拟学习环境结合，即混合式学习的成功范例。辅导者面对面的教学是由专家型行政人员主持，对经验欠缺的同事进行辅导；随后参与者参与到在线学习环境“电子辅导者”之中，以维持辅导者和被辅导者之间的关系。针对与用户打交道所需的复杂问题解决技能，辅导者开发相关的主题，发布微型课程，参与者在讨论模块中对这些课程作出回应，提出工作中遇到的问题，并相互合作去解决用户提出的问题，辅导者用能应对用户的恰当策略来帮助参与者。这个项目将面对面辅导与在线辅导相结合，使地域上分散的行政人员组成共同体形成工作关系，可以定期分享知识和学习新技能（戴维・乔纳森等，2007）。

安大略艺术设计学院（OCAD University）的包容性设计硕士专业采用的就是典型的混合式学习，这个项目采用了 Vidyo 公司的视频会议系统，有些专业课程通过该系统在线实施，学生可以到教室现场参加大部分课程的学习，也可以通过该系统远程参加。安装了Vidyo公司视频会议系统的教室中的教师能和远程端的学生进行视频交互，达到一定的教学效果。其最大的影响因素是网速，如果远程端学生人数较多或网速不够，视频效果会受到一定程度的影响，教学效果可能会打折扣。

第四节 实践课程的虚拟学习环境设计研究应用案例

目前理论研究与实践需求存在较大差距，实践是理论的先导，同时理论指导实践，并在实践中检验和修改理论。因此，将所设计的虚拟学习环境应用于实践性强的课程，对学习中存在的实际问题进行分析，提出解决问题的策略和方法，实施并给予评价和修改，进而推广，可以促进学习者更好地发展。

电子技术课程是实践性很强的一门课程，虚拟学习环境对于电子技术课程有其特殊的适用性。因此，本书选择电子技术课程作为面向实践性课程的虚拟学习环境设计研究案例。

一、电子技术课程教学存在的问题

电子技术课程教学的问题主要存在以下三个方面：实践教学环节、辅导答疑和双语教学。

1. 实践教学环节

在电子技术课程教学中，学生通过课堂理论学习对各种电子元器件、电子电路的工作原理有了一定的了解，但还需要通过实践环节把学到的知识验证和应用。电子技术课程在教学中应该突出电子技术的应用性和实践性，通过实践训练来提高学生的实际应用能力。传统的实验教学就是在实验室中让学生通过对电子线路的搭建、测试、分析来加深理论和实践的联系。目前该课程实验大多数是验证性实验，设计性实验少，但无论是验证性实验还是设计性实验都存在实验效果不足的问题。验证性实验是首先给出既定的实验电路，然后通过实验测试了解和验证电路功能；设计性实验是首先给出电路应该具有的性能指标，据此构建能够满足技术要求的实验电路，根据实验测试和调试能够满足技术要求的具体电路参数。验证性实验的目的是帮助学生理解相关知识点和原理，而学生在做验证性实验时，往往受实验课时及实验场地的限制，在实验过程中用于思考的时间很少，对相关知识点往往未能进行深入的理解和掌握。在设计性实验中，学生对所设计的电路进行实验和调试时，需要多次根据实验结果更换元器件或修改参数才能达到设计要求。设计性实验需要围绕技术考虑电路的几乎所有方面，要求学生将所学知识用于解决具体问题，这种实验方式可以培养学生分析、解决问题的能力及创新能力，但是受仪器设备、元器件及实验课时、实验场地的限制，学生的主观能动性难以发挥，学习效果欠佳。

2. 辅导答疑

目前电子课程辅导和答疑大多采取传统的面对面的交流互动方式，师生一对一地进行辅导答疑。教师的工作量很大，很难对所有学生进行指导。交流时间有限，互动面比较窄，一般也没记录辅导答疑历史，后来的学生不清楚前面的学生提出了哪些问题，不能参考那些典型问题的解答，这不仅不利于学生进行反思性学习，也无法使教师充分利用辅导答疑的历史记录来进行教学反思。

3. 双语教学

双语教学是一种新型的教学模式，提倡引入国外的优秀原版教材，吸收国外先进的教学理念和学科前沿知识。许多高等学校开展了电子技术课程的双语教学，可是教学效果不甚理想。就母语教学而言，电子技术课程对学生已经有较高难度，双语教学则又增加了语言交流方面的难度，很容易出现知识的接受度和目标语言的使用关系处理不好，导致学生既学不好英语又学不好专业知识的现象。目前很多学校的双语教学课程交替使用中英文两种语言讲解，教师根据教材的难易程度和学生的接受能力，以学生理解专业知识为前提，用中文讲授较难的课程内容，适当用英文补充解释，以及英文讲授学生较易接受的内容。根据有关专家的研究，双语交叉运用教学模式不仅给教师备课增加了很大的工作量，而且可能会困扰学生对课程的理解，迫使学生寻求偷懒的途径，甚至有可能导致学生对专业课程和英语都丧失兴趣。教师与学生的互动在教学中具有相当重要的作用，双语教学尤其如此，鉴于双语教学课程本身的特点和学生的理解接受能力，就授课内容而言，一节中文课的学习内容会大大超出一节双语课的学习内容。由此，为了完成授课任务，双语课堂只能选择放弃师生之间的互动环节，这样不免就影响了教学效果，因而有必要将双语课时适当延长以保证教学质量。而课堂时间有限，如果采取混合式学习模式，则可以利用课外网络学习方式来延长学习时段，凭借网络丰富的多媒体资源营造全英文的视听学习环境。

二、虚拟学习环境应用于电子技术课程双语教学的分析

电子技术课程双语教学需要借助于虚拟学习环境，需求分析包括以下几个方面。

1. 减少语言的障碍，让学生注意力有效集中

电子技术课程的双语教学有必要借助虚拟现实技术来减少语言的障碍，让学生将注意力集中在电子技术课程知识点的学习和实践中。语言学习的最好方法就是让学习者沉浸在该语言交流环境中进行体验式学习。体验式英语教学模式强调以学生为教学中心，以体验式教学为特征，充分发挥学生英语学习的主观能动性，培养学生自主学习的能力。在体验式英语教学过程中引入虚拟现实技术，可以让学生在虚拟的英语交流环境中通过自身体验来发现英语的使用惯例与规则，从而掌握英语知识。在英语教学实践中，如何构造学生的体验环境

成为教师教学的难点，而虚拟现实技术无疑是实现体验环境的最佳途径。

2. 采用虚拟实验作为常规实验的必要补充

电子技术课程是实践性较强的课程，在实验课时、电子实验室的实验设备和实验场地不能完全满足学生需求的现实条件下，采用虚拟实验作为常规实验的补充是有必要的。

虚拟实验是以计算机为基础的电子设计自动化（electronic design automation，EDA）仿真技术和虚拟仪器技术为实验平台的实验方式。该实验系统包含了多种测试功能，能够代替高等院校电子类实验室中多种传统仪器。其优点（杨南昌，2010；R. M. 加涅等，2007）主要有以下三点。

1）自由度大、可以实现实验教学的一体化。学生利用虚拟实验室进行实验，能够不受实验时间和实验地点的限制。虚拟实验平台除能进行实验外，还能够进行实验预习、教师讲解、实验过程中的相互交流与讨论、实验数据检验与分析、提交实验报告、教学考核与学习评价等。

2）节省投入、安全系数高。在电子实验中，经常会因为设备元件的老化、学生的疏忽大意、操作不当等，对芯片、实验仪器造成损坏。采用虚拟仪器进行实验则可以避免此类事件，并节省学校在实验室建设方面的投入。

3）灵活创新，有利于提高学生的学习兴趣和学习效率。学校开设的大部分实验课程都是验证性实验，在虚拟学习系统中可以变验证为研究，实现研究型学习模式。虚拟仪器与传统实验室里的实际仪器十分相似，学生能够自己熟悉仿真仪器，减少完成课程学习所需的仪器、元器件的动手实践时间。利用虚拟实验，学生能够根据不同的目标需求选择不同的实验系统，短时间内可更换不同的芯片、器件进行实验测试。一旦发现问题，学生能马上更换设计思路、更改设计方案。通过虚拟实验，学生在有限的实验学时内不必把时间花在繁杂的仪器连接和调试方面，而是将更多的时间用在动脑、动手，领会和掌握知识上，这有助于提高学生实验的兴趣和实验中思维的深入度。

三、电子技术课程学习内容设计

学习活动的设计应该以学习目标为基准。电子技术课程的学习目标是：学生能看懂典型电子设备的原理图，了解各部分的组成及其工作原理；对各个环节的工作性能会进行定性或定量分析、估算；能大致选择给定任务方案，选用有关的元器件，并且通过安装调试基本研制成功。

电子技术课程分为模拟电子和数字电子，其中模拟电子是基础。模拟电子课程是从介绍电子器件——晶体管的基本原理开始，然后根据电子器件的外特性来构建各种功能电路，这些功能电路是构成电子系统的基础。对于模拟电子的学习来说，基本概念的理解和运用极其重要。如果没有掌握基本概念，就无法掌握模拟电子技术，而基本概念的运用必须通过实践才能实现。

模拟电子技术的实验是电子信息类专业学生学习专业实践技能的开始，对于后续课程的实验有着基础性的影响。模拟电子的实验主要是对各种功能电路进行测试和调试，根据测试结果对其性能进行了解和评估，对各种模拟电路的测量主要是对其外部特性的测量，如对于放大器输入输出阻抗、增益、带宽、效率的测量等，所得到的测量参数是否合理或者是否满足要求，是由被测电路本身的工作原理及相应的电路参数设置决定的。如果想要达到预期的结果，学生则必须理解电路的工作原理，对电路参数进行适当的设置或调整，这个过程不仅需要学生充分理解所学的理论知识，还需要掌握相应的实践技能。同时，对于实验中的各种现象的理解、对各种问题处理方法的经历等感性认识的积累也是深入理解所学理论的基础，没有足够的实践经历，就不可能很好地把握电子课程的知识点。

因此，虚拟学习环境采用多种方式的目的是加强基本概念和各种典型的基本单元电路的介绍，有些重点内容专门设有测试环节和讨论环节，有对应的视频音频资料；利用虚拟实验结合真实实验以加强基本原理和基本分析方法的实践环节及综合设计和安装调试环节的训练。

表 2-1 为模拟电子课程各章节要掌握的知识模块描述、学习活动设计和学

习目标及知识技能要求。

表 2-1　模拟电子课程的知识模块描述、学习活动设计和学习目标及知识技能要求

知识模块描述	学习活动	学习目标及知识技能要求
常用半导体器件	现实课堂； 虚拟学习环境中教学视频、音频的点播和课程讨论	熟悉相关定义、概念及原理；掌握二极管、稳压管、晶体管、场效应管的外特性、主要参数的物理意义；了解选用器件的原则
基本放大电路	现实课堂； 虚拟学习环境中视频、音频的点播和课程讨论； 现实实验；虚拟实验； 自我测试环节； 授课教师的答疑； 虚拟导师的答疑	掌握相关基本概念和定义，以及组成放大电路的原则和三种基本放大电路的工作原理和分析方法；了解稳定静态工作点的必要性及稳定方法，能估算基本放大电路的静态工作点及动态参数，会分析电路的输出波形和产生失真的原因；根据具体要求能够正确选择电路的类型
多级放大电路	现实课堂； 虚拟学习环境中视频、音频的点播； 课程讨论	掌握相关概念及定义和各种耦合方式的优缺点；掌握双端输入和单端输入放大电路静态工作点和放大倍数的计算方法；了解共模抑制比的意义及计算方法；掌握互补输出级（output capacitorless，OCL）电路的正确接法和输入输出关系
集成运算放大电路	现实课堂； 虚拟学习环境中视频、音频的点播； 现实实验；虚拟实验	熟悉集成运放的组成及各部分作用，理解主要指标参数物理意义，能设计运放电路
放大电路中的反馈	现实课堂； 虚拟学习环境中视频、音频的点播和课程讨论； 现实实验；虚拟实验； 自我测试环节； 授课教师的答疑； 虚拟导师的答疑	能正确判断电路中是否引入反馈及其性质；会估算深度负反馈条件下的放大倍数；能根据需要在放大电路中引入合适的交流负反馈
信号的运算和处理	现实课堂； 虚拟学习环境中视频、音频的点播； 现实实验； 虚拟实验	掌握比例、加减、积分电路的工作原理；会运用“虚短”和“虚断”的概念分析运算电路输出与输入电压的运算关系；掌握 LPF、HPF、BPF 和 BEF[①]的工作原理，根据需要能合理选择电路

① LPF，low pass filter 的缩写，译为“低通滤波器”；HPF，high performance fortran 的缩写，译为“高通滤波器”；BPF，berkeley packet filter 的缩写，译为“伯克利封包过滤器”；BEF，band elimination filter 的缩写，译为“带阻滤波器”。

续表

知识模块描述	学习活动	学习目标及知识技能要求
波形的发生和信号的变化	现实课堂； 虚拟学习环境中视频、音频的点播和课程讨论； 现实实验； 虚拟实验； 自我测试环节； 综合设计和讨论	掌握电路产生正弦波振荡的幅值平衡和相位平衡条件，掌握桥式（rectifying circuit，RC）正弦波振荡电路的组成、起振条件；根据相位平衡条件能正确判断电路是否可能产生正弦波振荡
功率放大电路	现实课堂； 虚拟学习环境中视频、音频的点播； 现实实验； 虚拟实验	理解功率放大电路的组成原则，掌握 OCL 的工作原理；会估算功率放大电路的最大输出功率和效率，了解功放管的选择方法和集成功率放大电路的工作原理
直流电源	现实课堂； 虚拟学习环境中视频、音频的点播； 现实实验； 虚拟实验	掌握直流稳压电源工作原理，掌握整流电路和稳压管稳压电路工作原理，会合理选择限流电阻；理解串联型稳压电路的工作原理，会估算输出电压调节范围；了解集成稳压器工作原理及使用方法

四、电子技术课程虚拟学习环境的应用模式

电子技术课程是需要通过实践环节才能掌握知识及任用知识的课程。电子技术课程虚拟学习环境的应用采用螺旋形问题学习模式，它是一种由问题探究驱动学科内容的学习模式。螺旋形问题学习模式是指从一个热身问题开始，围绕某一个知识点学习，即利用学生熟悉的问题，使之与即将学习的新概念联系起来，由浅入深地学习后续系列问题，可运用“习得”的问题解决方式来解决实际问题。

1. 螺旋形问题学习模式的设计思想

学习不是某特定主题内容教学的线性过程，相反，它是一个递归的过程。它是一个上升螺旋，始于示范，然后经过指导、“脚手架”、反思、探究和清晰表达来进行加强，最后以一个结论性的清晰表达和反思来结束（Webel，2013）。

从热身问题到实际问题，学习者依照连续设计思维，经过几轮螺旋形过程解决学习问题后，对于某一类问题或主题知识，从一个学习该主题相关基本知识内容的新手逐渐成长为一个解决此类真实问题的熟手，由此实现学习知识、认知技能、与人合作和解决问题的能力等各方面素质的螺旋上升。这是一种由问题探究驱动学科内容的学习模式，该设计思想可以帮助学习者进行多层次的学习活动。

利用螺旋形问题学习模式设计电子技术课程活动案例如下。学习单元“集成运算放大电路”，其学习目标及知识技能要求为：熟悉集成运放的组成及各部分作用，理解主要指标参数物理意义，并能设计运放电路。将单元学习主题——“集成运算放大电路”分解为难度由低到高的三个连续探究问题，并增加“认识材料、仪器及元器件”的热身问题设计，形成“认识材料—连接电路—探究电路的功能—设计电路”的螺旋形学习活动，后一个活动是前一个活动的拓展和延伸，活动中注意促进学习者对知识点的掌握，培养学习者分析问题和解决问题的能力。

2. 虚拟学习环境的应用模式

有意识地选取有挑战性的单元知识点，能够促进学习者的有效参与性，即在不改变原学校课程设置的情况下，用虚拟学习环境将探究学习的时间补足，采用由问题探究驱动学科内容的学习模式。该模式的运作思路是：在虚拟学习环境学时中，解决上一次课堂产生的问题，或进行下一次课堂热身问题的学习，这样在正式课程中就可以直接进入基本问题、类似问题和实际问题的学习，最后以学习者出现的新问题而结束。学习者可以在课外查询资料，在虚拟学习环境中自主学习，对这个问题继续探究，也可以利用聊天工具对这个问题进行集体讨论和分享。到下一次课堂时，教师对该问题进行进一步讲解，学习者进行进一步学习。至此，完整的螺旋形问题学习活动就告一段落。

本章小结

本章根据设计研究的定义，参考教学设计 ADDIE 模型，统合学习科学的解释方法，扩展 ADDIE 模型，提出了虚拟学习环境设计研究实践框架。整个框架由实践问题需求、理论驱动、设计原型描述、具有原型思想的系统设计（学习内容和学习支持）、实施、基于证据的评价及新情境推广等步骤组成，各个部分是相互作用、迭代修正的关系。虚拟学习环境设计研究凸显了情境性特点和动态评价特征，促进深度学习的学习内容设计和以学习者为中心的学习支持设计是学习环境原型系统的核心设计思想。本章以实践性较强的电子技术课程为例，给出面向实践课程的虚拟学习环境应用案例，分析了目前电子技术课程理论、实验教学环节和双语教学中存在的问题，指出了虚拟学习环境应用于电子技术课程的必要性，进行了电子技术课程学习活动设计，提出了虚拟学习环境的应用模式，对虚拟学习环境的混合式学习应用策略加以分析，为虚拟学习环境的构建和应用奠定了基础。

第三章 面向实践课程的虚拟学习环境设计模型

虚拟学习环境可以提供支持学习者进行建构性学习的各种学习资源，为实施建构主义的学习提供强有力的支持。虚拟学习环境通过“做”来支持学习，参与活动可以激发学习者主动地参与并控制他们自己的学习。虚拟学习环境是基于问题的学习环境，可以提供学习者参与各种问题解决。建构主义学习环境设计强调如何帮助学习者积极地探究复杂的主题或环境，强调分析学习的情境，将学习内容放在有意义的情境中。建构主义学习环境设计的主要目标是培养学习者的问题解决和概念发展，它关注建构的过程。实践性课程注重基本知识的准备和相应环节有步骤、有进展的实践练习，这样才能形成技能。实践性课程的学习设计必须考虑教学或学习的顺序，并且以问题为中心，学习者才有可能达到学习目标。因此，本章以乔纳森建构主义学习环境设计模型作为虚拟学习环境设计的指导，针对实践课程的特点，提出了面向实践课程的虚拟学习环境设计模型。虚拟学习环境的设计应该区分领域内不同的知识类型，包括良构知识和非良构知识，有针对性地进行设计，在此基础上构建虚拟学习环境，针对实践性课程的特点对其进行功能设计、体系结构设计，注重学习空间的扩展，提供有利于培养实践技能和思维能力的工具和资源。

第一节 虚拟学习环境设计模型

建构主义学习理论提倡在教师指导下的、以学习者为中心的学习，突出意义建构和社会文化互动在学习中的作用。学习是学习者在一定情境下，利用学习资源、外界帮助如人际间的协作活动，主动建构知识意义的过程。"情境""协作""会话""意义建构"被视为学习的四大要素。

建构主义学习理论强调的主动建构、合作学习和情境学习有利于促进学习者对意义的建构。一些专家认为，学习环境的设计应该遵循以下原则：①学习的主动建构。学习是学习者建构知识的过程，而不是从外界吸收知识的过程。建构主义的学习要求学习者通过问题解决来学习。学习者作为学习活动的主人，需要对学习活动进行积极的自我管理和反思。②学习的情境性。学习者需要在有社会和知识支持的情境中学习，以便了解知识如何在实践中运用。③学习的社会互动性。学习是通过对社会文化的参与而内化相关知识和技能、掌握有关工具的过程，此过程通常需要学习共同体的合作互动来完成（高文等，2009）。

虚拟学习环境可以为建构主义的学习提供强有力的支持，提供支持学习者进行建构性学习的各种学习资源。在虚拟学习环境中，从学习者的角度充分考虑其兴趣、个性发展、需要等，可以通过设计灵活多样的交互方式，学习者主动参与同虚拟对象的互动以完成学习任务，来充分发挥学习者作为认知主体的作用。在虚拟学习环境学习交往过程中，为学习者创建有利于意义建构的可视化学习和"情境"，让学习者通过"会话"的手段，在"协作交互"中通过如小组组建的方式完成学习目标，可以形成知识的"意义建构"。根据实践性课程的具体特点创设虚拟教室、虚拟实验场景，场景中包括实验仪器设备、协作伙伴及虚拟教师等，学习者可以通过与虚拟的情景的交互作用达到新的意义建构。虚拟学习环境有利于学习者探索知识，对所学习的问题提出假设并加以验证。

虚拟学习环境体现了建构主义强调的学习的情境性，有助于知识的外显和可视化，其技术手段有利于“脚手架”、反思和清晰表达等方式在学习中起作用，有利于学习者组成学习共同体进行社会交互和知识共享等，这些对于实践性课程的学习都是必要的支撑。

一、乔纳森的建构主义学习环境设计模型

面向实践课程的虚拟学习环境是根据实践性课程的特点，以乔纳森学习环境设计模型为指导，提出面向实践课程的虚拟学习环境设计模型。

1. 乔纳森的建构主义学习环境设计模型的内涵

乔纳森于 1999 年所提出的建构主义学习环境设计模型见图 3-1（李妍，2007），其以问题解决为主线提供了一种设计建构性学习环境的框架和方法，包含问题、相关案例、信息资源、认知工具、对话协作工具、社会情境支持六个要素，这六个要素相互关联，构成一个有机的整体（程琼等，2010）。其中，问题是整个学习环境设计的焦点，其他五个要素的设计都要围绕问题进行。

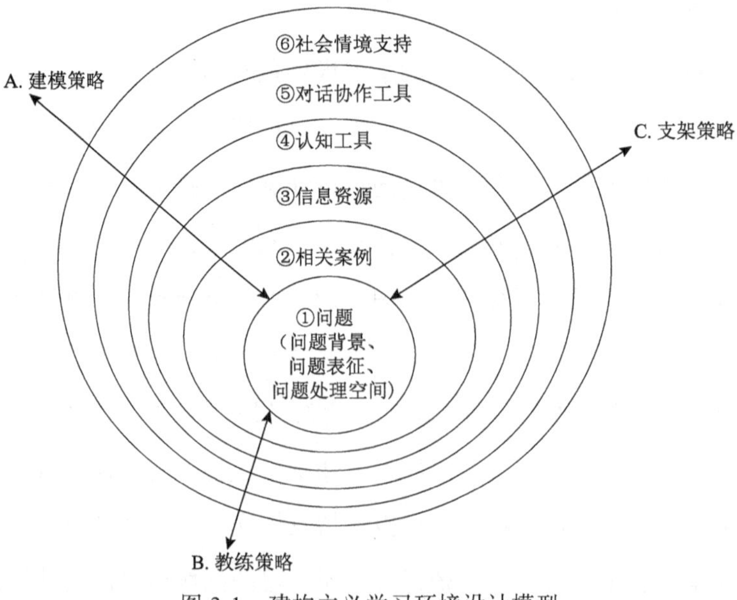

图 3-1　建构主义学习环境设计模型

建构主义学习环境设计针对的是松散界定的结构不良的领域，其目的是培养学习者的问题解决和概念发展能力。乔纳森非常强调问题解决，他强调教育的未来是问题解决，并指出“教育唯一合法的目标就是问题解决”（贾义敏，2009）。

1）该模型的中心是问题或项目，问题设计应考虑其情境、表征和操作空间。问题的操作空间是使学习者检验操作结果，通过事物的变化得到反馈的一系列的因果模式；周围是各种解释性的支持系统，学习者的目标是理解和解决问题或完成项目。

2）相关案例支持对问题的理解，并建议各种可能的解决方案，为学习者遇到问题时提供对比和参考，为学习者即将解决的问题提供多重视角或解释，即提高认知灵活性，表征建构主义学习环境中的复杂性。

3）信息资源为建构主义学习环境的基本成分之一，学习者需要凭借信息资源建构其心智模型、建立假设并驱动对问题的操作以解决问题。建构主义学习环境包含的或链接的信息应是相关的、易得的，能支持学习者思维的。

4）认知工具是智能型的计算机程序，是一种能够激发和促进认知处理的通用型计算机工具，它可以支持、引导甚至超越使用者的思维过程。

5）会话/协作工具能够让学习者共同体为该问题进行协商和意义建构。乔纳森认为，学习最自然地发生是在一群人合作解决问题的时候，而不是在孤立的状态下，因此建构主义学习环境要提供共享的信息和知识建构工具去帮助学习者协作建构共享的知识（李妍，2006）。

6）社会/情境支持系统帮助用户去实施建构主义学习环境。对用户的社会和情境支持对于建构主义学习环境的成功实施是必要的。

此模型所设计的建构主义学习环境提供了三种策略来支持学习者的自主学习：①建模策略。建模分为行为建模和认知建模，行为建模用来表明学习者在学习活动中应执行哪些活动及如何执行这些活动；认知建模用来说明学习者在从事学习活动中应当使用的推理方法。提供操作实例是“问题求解型”行为建模最常用的一种方法，这是实践性课程常用的实例示范方式。②教练策略。

教练最重要的工作是监控、分析和调节学习者各种能力的发展，如言语信息、智力技能、认知策略、学习态度、动作技能等方面的能力。合适的教练策略有利于观察、指导学习者的操作并给学习者提供反馈，对学习者的进一步学习提出中肯的建议，有助于激发学习者的学习动机。这对于实践性课程的学习是非常必要的。③支架策略。根据维果茨基的最邻近发展区理论，较复杂的问题可以通过建立“支架式”概念框架，让学习者沿着“支架”逐步攀升，可以完成其对复杂概念的意义建构（程琼等，2010）。

乔纳森强调上述模型主要是为设计支持建构性学习的学习环境提供指导，而不是为教学提供指导的（汤跃明，2007）。

2. 乔纳森的建构主义学习环境分析

乔纳森建构主义学习环境中学习者的学习活动（清晰表达、反思、探究）和涉及的教学活动（示范、指导、“脚手架”支撑），以及社会支持是学习环境要素（刘泽良，2011）。乔纳森建构主义学习环境对学习的支撑有以下几个方面。

1）专家的作用。建构主义学习环境重视用相关案例或样例、故事来帮助学习者理解问题表征中隐含的内容，以此建构心智模型，也会让技术熟练者示范操作。乔纳森（2007）认为，“一个广为承认的对问题解决的示范是样例”。专家的示范作用体现在整个建构主义学习环境学习过程中。

2）技术的作用。建构主义学习环境的设计是直接在技术环境下进行的，其认知工具、会话/协作工具、信息资源的搜集等都是基于技术的，技术支撑着学习环境，学习者在需要示范、指导或“脚手架”时，系统中所设计的智能代理工具或程序就能提供所需要的帮助。

3）信息资源的作用。资源作为建构主义学习环境的重要组成部分，主张向学习者提供可选择的即时信息，包括文本、图表、声音资源、视频、动画等与学习者学习相关且易得到的信息。

乔纳森建构主义学习环境从设计取向上看，强调真实情境中的学习，以学习者为中心，支持深刻学习；从设计要素上看，重视学习的社会因素的影响和支撑作用，强调问题解决情境中的心智发展和知识建构；从具体方法上看，侧重学习者的清晰表达、反思和探究，重视环境提供的示范、指导和“脚手架”支撑等教学活动。乔纳森强调，建构主义学习环境不是适合所有学习方式的，这种学习环境更适合让学习者参与个人或协作的知识建构和问题解决。学习环境的作用则是支持和帮助学习者达到其学习目标（李妍，2006）。

二、面向实践课程的虚拟学习环境设计模型

建构主义学习环境设计针对松散界定的非良构知识，主要目标是培养学习者的问题解决和概念发展能力。实践性课程考虑教学或学习的顺序，如复杂性和多样性的递增，全局技能先于局部技能等有效的教学顺序。实践性课程的主要目标是形成技能，因此必须注重基本知识的准备和相应环节的有步骤、有进展的实践练习。如果实践性课程所依托的学习环境没有考虑学习的顺序，就会导致学习者达不到学习目标。因此，本书提出应该区分不同的知识领域，有针对性地进行设计，以乔纳森建构主义学习环境设计模型为指导，提出实践课程的虚拟学习环境设计模型（virtual learning environment design model for practical courses，VLEDM），来区分领域内不同的知识类型：良构知识和非良构知识。该模型将预定教学目标和学习者学习目标区分开来，预定教学目标即教师希望学习者在学习环境中建构的知识，良构知识要求达到预定教学目标，非良构知识可以由学习者在自主学习过程中自定学习目标，即学习者学习目标。

虚拟学习环境设计阶段的三要素如下。

1）定义学习者特征。建构主义学习环境设计关注的是提供一个丰富的情境，供个体发展理解。因此，首先要了解学习者的兴趣、已有经验、认知风格、学习特点，即定义学习者特征，在此基础上分析问题的情境、表述和操作空间。

2）分析问题要素。为了创建情境，问题的描述、识别与问题相关的关键概念非常重要，需要重塑分析问题要素，给学习者呈现一个完整的问题。

3）设计学习的“脚手架”。虚拟学习环境的主要作用是支撑学习者的探索和建构活动，因此，必须要为学习者设计帮助学习的“脚手架”，如对关键概念的解释，提示学习者相关任务的解决步骤，提供学习过程中可能会用到的工具，给学习者提供问题解决所需的资源，以及进行认知工具的设计、学习空间的构建和人际关系的构建及提供学习策略等。

以上设计阶段的要素是学习者在解决问题的过程中都会涉及的。在开发阶段，设计者根据所推测设计的原型描述来开发学习环境实体，让学习者在一个整合性的环境中与这些要素交互，即实现学习情境，利用工具、资源和“脚手架”支撑，通过积极地探索解决问题。在实施阶段，作为主体的学习者，可以决定做什么、何时做及向谁（如专家、同伴、教师）寻求帮助。评估关注的是对理解的表述及问题的解决程度，学习目标和问题驱动着整个建构主义学习环境的设计。根据此思想，可以得出虚拟学习环境设计模型（图 3-2）。

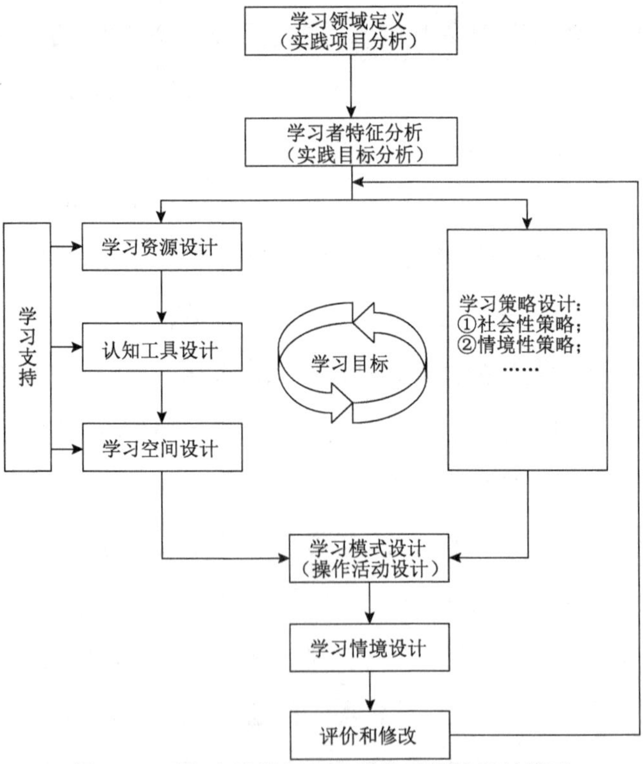

图 3-2 面向实践课程的虚拟学习环境设计模型

实践课程的虚拟学习环境设计的内容主要包括以下八个方面。

1）学习领域定义。首先需要定义的是学习环境所覆盖的领域知识，确定领域内知识类型为良构知识还是非良构知识。

若知识领域的问题比较规律和确定，解决这样的问题则有明确的规则，这样的知识为良构知识；若在解决问题时，需要在原有经验的基础上做具体分析，建构新的理解方式和解决方案，就涉及非良构知识。实践性课程注重基本知识的准备和相应环节的有步骤、有进展的实践练习。实践性课程所依托的学习环境，其设计需要根据不同的学习内容区分预定教学目标和学习者学习目标，充分考虑学习的顺序，若实践项目是良构知识，则采用预定教学目标；若实践项目是非良构知识，则由学习者生成学习目标，从而在下一步学习策略设计时确定不同的学习路径。

2）学习者特征分析。分析学习者现有的认知特点及认知结构，建立其模型，随着学习者不断使用该系统，学习者模型也随之动态修正。

3）学习策略设计。学习策略设计为虚拟学习环境设计的核心环节。学习策略设计的目的是引导和促进学习者进行自我调节。预定教学目标的内容可以采用指导路径，通过某些学习策略，创建引导学习者在这个领域学习的路径。如果由学习者生成学习目标，学习路径就由学习者控制，学习者可以选择想学习的知识，系统提供必要的学习资源、认知工具和相应策略的支持。对某个知识点所包含的内容应当采用何种媒体表现形式和交互方式是选择学习策略的重要因素。

虚拟学习环境中的学习策略主要有社会性策略如合作学习策略、小组评价策略，情境性策略如抛锚策略、十字交叉形策略等，建模策略，支架与淡出策略，反思策略等。抛锚策略是以问题解决作为“锚”，即问题解决驱动或任务驱动，问题或任务是与学习者相关、对学习者有意义的，这样才能激发学习者的内部动机去进行探究，直至完成任务或解决问题。要想掌握复杂的、非良构领域的高级知识，认知灵活性理论主张学习者要从不同方向多次访问“十字交叉形”中的节点（知识领域中的案例或概念），并且从不同的视角交叉思考问题，从而全面把握知识，即十字交叉形策略。

4）学习资源设计、认知工具设计。在学习过程中，需要给学习者提供相关的资源和工具，以帮助学习者实现其学习目标。

学习环境应该提供针对学习主题的且多样化的学习资源、类似真实的学习情境，同时提供能够促进知识建构的认知工具。认知工具代表了一种建构主义的技术应用方法，也就是让学习者通过使用计算机来对自己的所知进行展示、操作与反思。

认知工具包括问题/任务表征工具、知识建模工具、操作支撑工具和信息搜集工具，是促使学习者参与并辅助特定认知过程的计算机工具。问题/任务表征工具能够帮助学习者更好地表征他们正在解决的任务或难题，比如可视化工具可以帮助学习者建构心智图景并使活动变得可视化。知识建模工具对静态或动态的系统或过程进行模拟并对其加以检验。建模工具提供了引导学习者思考、分析、组织“现象”的知识表征形式，并提供了帮助学习者把对“现象”的理解进行编码的环境。操作支撑工具主要是卸载部分重复的计算任务或记忆任务，可以减轻学习者的认知负荷，让学习者承担更高级的认知任务。信息搜集工具是指环境中镶嵌的搜索引擎或智能代理，它们能够帮助学习者寻找并过滤网络上的信息，选择与用户需求最相关的信息。

实践课程的虚拟学习环境本质上是一种建构主义学习环境，强调作为认知工具的技术的选择和使用。在虚拟学习环境中，认知工具不仅能服务于学习目标，还可以重构学习目标，形成认知工具与学习目标（问题）的双向定制，重视认知工具与学习目标的相互支持作用，置认知工具的使用于情境之中。

教育研究者一直提倡利用各种学习策略帮助学习者更好地理解所学的知识。利用思维工具表达对所学知识的理解，也是对已有的信息进行细化，并将自己的理解转化成观点。这些行为正是学习策略的本质。利用思维工具为领域知识建模能帮助学习者更有效地获得领域知识，思维工具表现为一系列学习策略，属于认知工具。如数据库帮助学习者对学科内容进行分析；概念图对知识领域进行综合，帮助引导学习过程，能够为描述领域内概念间的相互关系提供很好的支持。电子表格可以帮助学习者建构现象的数据模型，可视化工具支持学习者进行多种形式的研究，超媒体工具则帮助学习者了解所学领域的复杂性和其中的相互关系。建模工具可以帮助学习者建立相应的心智模型，有助于学习者表征和测试因果推理，有助于程序性和策略性知识的获得（陈琦，刘儒德，2011）。乔纳森认为，认知工具是支撑知识建构最有效、最直接的方法。知识建模工具可以用于问题表征阶段，帮助学习者将问题映射出多种形式的知识组织，也用于问题解决过程之中帮助学习者不断地反思和调整知识结构（李妍，2006）。

5）学习空间设计，如虚拟教室、虚拟实验室等的设计。学习空间是学习情境的一部分，对实践课程的虚拟学习环境的建构尤其需要扩展学习空间，因此，应加强虚拟实验室功能和应用的设计。

6）学习模式设计。学习环境设计的落脚点即学习模式设计，其综合了目标、资源、工具、和策略设计，也将操作活动融入其中，形成了稳定的学习活动序列。学习模式设计需要经过多次循环设计才能完成，且各设计环节要相互协调和相互参考，才能最终形成学习模式。

7）学习情境设计。学习模式需要在一个统一的学习情境中实现，学习情境设计必须将以上策略、资源、工具和学习模式等以合适的人机界面形式呈现给学习者。尽量采用与学习主题有关的真实问题情境是学习情境设计的主要原则。

8）评价和修改，即对所设计的学习环境进行评价，反复提出修改意见，进行迭代修正，不断完善设计。

第二节　面向实践课程的虚拟学习环境构成和功能设计

随着信息技术的发展，虚拟人、虚拟实验等手段也融进了学习环境的构造中，一个比较完善的面向实践课程的虚拟学习环境（图 3-3）通常由资源库、信息管理系统、在线帮助系统、交互式学习空间、认知工具等构成，并集成到一个统一的用户界面。资源库包括与课程学习内容相关的音频、视频及文本等各种资料；信息管理系统即对用户信息进行管理，如用户数据、个人信息、登录信息、聊天记录和学习记录等；在线帮助系统相当于一个系统向导，能指点学习者学习路径。交互式学习空间和认知工具的设计与应用是虚拟学习环境的中心，人际交流与协作贯穿于整个虚拟学习环境中。

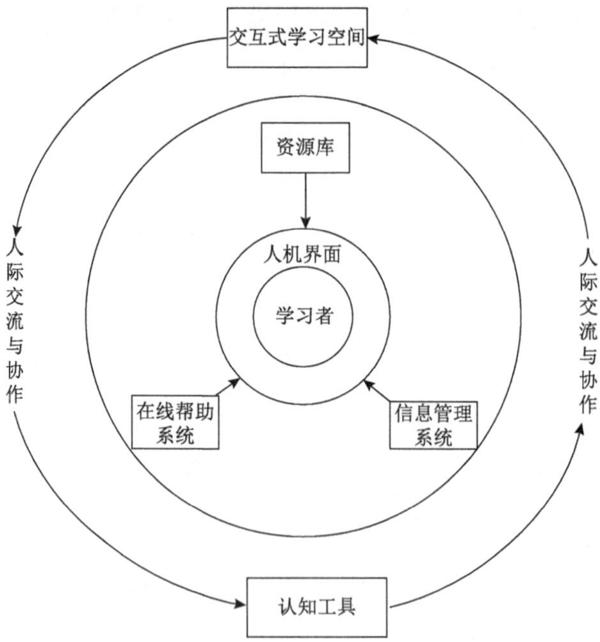

图 3-3　面向实践课程的虚拟学习环境构成

仅将知识信息进行集成的网页不是虚拟学习环境，只有当学习者对所学知识进行一系列的社会交互活动后才能构成一个虚拟学习环境，交互性是虚拟学习环境与知识空间最本质的区别。虚拟学习环境为学习者提供了较为完善的辅助学习工具集和充分交流思想、完成自我体验的学习和交流空间，而知识空间只提供知识、知识来源及访问工具。认知工具有助于支持和扩充使用者思维过程的心智模式，学习者可以利用它们来进行信息与资源的获取、分析、处理等，并可用其来表征自己的思想，替代部分思维，并与其他学习者通信和协作，作为学习者认知能力的“脚手架”发挥作用。

在此虚拟学习环境中，位于各客户端的诸多学习者通过虚拟化身处在同一虚拟场景中，可以实现“彼此可见”“你见即我见”“我见即你见”。此交互式虚拟学习环境功能结构见图 3-4（高文等，2008）。

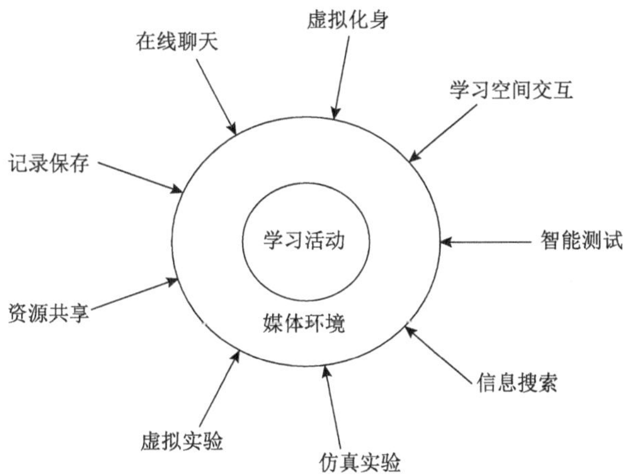

图 3-4　面向实践课程的虚拟学习环境功能结构图

图 3-4 描述了虚拟学习环境具有以下功能。

1）传输信息涵盖文字和图像、视频和音频媒体等多种交互形式，可以使不同的学习者，即经验类型不同、个人原有知识表象形式不同的学习者从所提供的冗余信息组合内选择与他们的认知经验最协调的信息组织形式。

2）支持教学视频及 PPT 课件的点播。

3）实现一对一、一对多、多对一、多对多的在线交互。

4）同步、异步交互，交互双方可以在一个共同的学习空间，如虚拟教室或虚拟实验室中进行实时交互。

5）交互的过程可以记录保存，可供评估。

6）学习者能够共享学习资源，具有学习资源上传、下载的功能，学习者可以进行信息搜索。

7）设立基于二维文字的在线聊天室、专题讨论区，学习者可以自主选择专题，与讨论区内的其他成员或指导教师展开讨论。

8）提供基于三维文字的虚拟化身之间的短语交流，可以对虚拟化身进行控制。

9）具备智能测试环节等信息反馈功能和跟踪记录功能。

10）能进行虚拟实验。

11）集成仿真实验软件。

一、交互式学习空间和认知工具模块设计

课程学习存在师生之间的交互、学生之间的交互、学生与学习资料的交互及学生与实验设备的交互，即学习不仅是师生之间的双边互动的过程，而是多向型互动、成员型互动等多种互动过程，这些真实场景中所发生的交互正是虚拟学习环境交互设计的参照。系统的交互设计必须从学习过程的需求出发，充分发掘交互功能的应用环境，将交互功能恰当地用于学习过程控制中。

交互式学习空间是虚拟学习环境的关键部分，应针对实践性较强的课程构建交互式学习空间及认知工具，学习空间设计有虚拟教室、虚拟实验室，认知工具设计有即时交流、智能测试系统、问题查询等模块，其中虚拟教室为核心功能模块，通过虚拟教室，学习者可以根据需要链接到即时交流、问题查询、智能测试系统或虚拟实验室环节进行学习活动。交互式学习空间及认知工具模块见图 3-5（高文等，2008）。

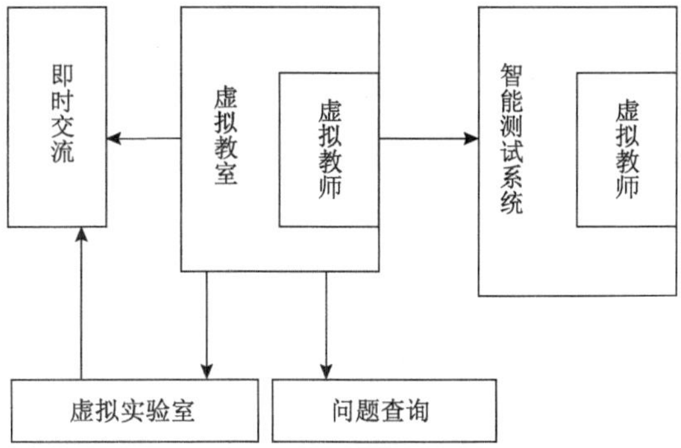

图 3-5　交互式学习空间及认知工具模块图

1. 交互式学习空间的设计

1）虚拟教室。虚拟教室是虚拟学习环境的一个载体，它模拟真实教学场景，能实现传统物理教室的大部分功能。学习者能根据自身需要使用视频、音频等学习资料，虚拟教师能同学习者即时交互，实现专业知识的传递及答疑解惑；在整个学习过程中学习者能以语音或文本的形式相互讨论，可以使用替身在其中走动，可以对虚拟化身进行控制，获得在学习环境中的存在感。

虚拟教室的要素有虚拟学生、虚拟教师、教学内容和交互环境等。图 3-6 为虚拟教室的架构，包括界面、虚拟教室、虚拟教师、化身（学习者）和数据库（李妍，2007）。

学习者能通过鼠标和键盘控制化身与虚拟教师交互；虚拟教师能对学习者的指令作出反应，如进行讲课和回答学习者的问题及给予建议等；虚拟环境不仅包括教室场景中物体的图形模型，还包含它们的可计算数字模型，因此虚拟物体能有逻辑地移动。

数据库包含虚拟教室及其物体位置的 3D 模型、虚拟教师和化身模型等。

2）虚拟实验室。在电子课程的教学中，可以充分利用电子设计自动化（electronic design automation，EDA）这种虚拟模式。EDA 以计算机为工作平台，可以实现从物理设计到测试的一体化。虚拟实验室无须配备各种传统教学仪器，学习者可以在计算机上操纵各种虚拟仪器，如示波器、函数信号发生器、电压

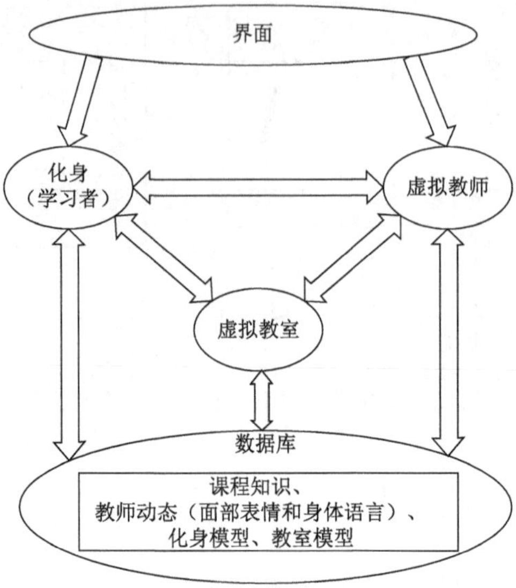

图 3-6　虚拟教室的架构

表等进行实验，且能够对建立的各种电路模型进行分析，可以修改参数，就如同操作传统仪器一样。在不用担心损坏仪器的前提下，学习者能在计算机上设计多种方案进行模拟仿真，解决传统电子实验费时、费力、元件容易损坏等问题，也有利于提高学习者学习的自主性。

2. 认知工具的设计

1）问题查询。学习者共享学习资源，学习环境具有学习资源上传、下载的功能，学习者可以进行信息搜索，可以进行问题查询和相应解答，实现课程各章节知识点的答疑解惑功能。虚拟学习环境应提供可供学习者选择的、随时可得的、与问题解决有关的各种信息资源（包括文本、图形、声音、视频和动画等）。

2）即时交流。可以实现一对一、一对多、多对一、多对多的在线交互，交互的过程可以记录保存。学习者可自主选择专题，与讨论区内的其他成员或指导教师展开讨论。

3）智能测试系统。提供电子课程相关知识点的测试题，学习者在阶段性学习结束后，可以在线进行练习与测试，及时了解知识的掌握程度。agent 作为虚拟教师出现在学习环境中，具有“导学”和“解惑”的职责，可以实现知识点的辅导、提示和检验（高文等，2008）。

3. 虚拟教师的设计

虚拟教师利用人工智能技术、计算机模拟教师指导行为，可以用来解决现实教学中个性化指导不足的缺憾。智能测试系统和虚拟教室中分别设有虚拟教师，可以实现对学习者的导学、个性化辅导和帮助功能。

（1）虚拟教师的功能

在设计虚拟教师功能时考虑到真实情境下教师给予学习者的指导过程，虚拟教师的功能主要有讲授、答疑、建议、支架。

虚拟教师讲述内容采用“知识片段”这一概念，它是一门课程中最小的教学单元，需要 10 ~ 20 分钟来进行。虚拟教师可以建立一系列的知识片段，使整个课程在这些知识片段的基础上建立起来。这些知识片段储存在数据库中，当学习者提出要求时，虚拟教师能给出相应知识片段的讲解。

“答疑”功能设计以学习者提问的问句文本为基础，当学习者向系统提问时，虚拟教师的“问答”功能可以在系统课程知识数据库中找出相关问题的答案。

反馈机制的跟踪记录系统和智能测试系统记录为虚拟教师的“建议”功能设计的基础。学习者的学习过程可以通过系统反馈机制的跟踪记录系统自动记录下来，系统关于学习者学习情况的数据库包含学习者提出的问题、提问的时间、学习者的问题答案等，这些数据可以描绘学习者的兴趣、性格、发问方式、思维方式、知识结构及缺陷等；智能测试系统可以反映学习者对知识点的掌握程度和疑难点，根据这些情况虚拟教师的“建议”功能可以向学习者提出学习上的建议，这样系统就起到了部分替代教师功能的作用；还可以针对不同认知能力水平的学习者提供不同程度的个别指导，如提供不同认知能力的学习者以不同程度的解答等，从而实现因材施教。虚拟教师的“支架”功能指可以对学习者的认知活动进行示范和引导，示范问题解决策略，提供活动反馈等。

（2）虚拟教师的设计出发点

学习内容是什么？什么样的问题解决活动才能支持学习？学习者自身已经拥有哪些相关的知识？要设计的虚拟教师活动，不仅应该“有效用”，还得与课程内容、课程目标、教师实践和课堂运用在内的社会情境良好地结合。因而必须做到以下几点：①根据学习和课堂使用来设计，用领域知识来解决问题并且进行推理；②熟知学习者学习中的具体困难并懂得如何帮助学习者克服这些困难，熟悉学习者在何时、何地暴露的对知识或理解的缺乏，当学习者需要时，结合情境给他们提供适当的“脚手架”、反馈和帮助；③了解学习者的典型迷思概念、相关的非正式知识和学习轨迹，逐步跟踪学习者的推理过程；④所有的设计阶段都应该是以经验为基础的；⑤对学习者进行持续的需求评价，并在其个别需求的基础上开展教学；⑥收集学习者数据以指导和测试原则的应用，如以一个恰当的小单元进行形成性评价，分析问题解决的成功和失败之处；进行总结性评价，检测是否达到了课程层次的总体学习目标。

二、虚拟学习环境人际交流与协作设计

虚拟学习环境属于数字学习（e-learning）系统，许多 e-learning 系统进行屏幕录像，然后在网上发布录像，如伯克利网络讲座录制系统（lecture web casting system），但这并不能满足学习者的实际需求。学习者需要交互的场景，积极参加一些活动，在数字环境中与教师和其他学习者交互。可视化能提高用户之间的相互交流和理解，因而在虚拟教室设计中，使用“化身”代表远程学习者，设计智能虚拟教师促进师生之间的交流。

同教师交互的自然性及学习者之间积极的讨论是 e-learning 成功的重要因素。虚拟环境添加虚拟角色具有很大的教学法的益处，如可以加强学习动机、增

加学习活动的刺激，提高 e-learning 中的交互、促进学习者进行自主学习及加强个性化辅导。系统提供交互的学习空间能提高学习者的兴趣和 e-learning 的教学功能。如果多个远程学习者同时进入虚拟教室，且通过化身代表自己同其他参与者及虚拟教师交流，虚拟教师能感受学习者的输入信息并作出相应的反应，虚拟教师能表达简单的面部表情和身体语言，帮助远程学习者提高对学习内容的理解（D. H. 乔纳森，2008；胡燕，2014；Hu，Zhao，2010； Samper et al.，2010；Yamamoto，Miyashita，2008）。

1. 在虚拟学习环境中使用化身的原因

1）用户在虚拟场景中的存在感是通过标识用户身份的三维对象即替身（avatar）来实现的，作为用户代表的替身也具有功能，如告知他人用户的存在、识别和区分用户等，替身的状态如位置和方向标识了用户在场景中的视点，这是用户体验虚拟环境沉浸感的依据。

2）当某人更像我们时，我们更有可能喜欢他们，接受他们所做的事情。同样的概念可应用于“团队面孔”，当人们与有着团队面孔的化身交互时，人们会更加有效地把时间花在工作上，他们更有可能抛弃不利的想法而接受有益的想法，这意味着当人们戴着团队面孔而不是他们自己的面孔时，工作更加有效率。在任何给定的空间中有一个最佳位置，当我们坐在那里时，会学得更好。在实际的物理空间只有一个人能坐在那里，在虚拟世界中每个人能坐在那个理想空间（前面和中间，而不是两边）而认为别人在其他位置，当人们坐在最佳位置时测试分数会更高（Blignaut，Nagel，2009；Tsai et al.，2011；Regueras et al.，2011）。

2. 在虚拟环境中使用虚拟导师的原因

1）提高课堂质量的最有效的方式是充分利用协作学习的技巧。通过添加虚拟教师可以进一步提高课堂质量。虚拟教师是学习者和学习内容之间的媒介，学习中必要的交互可以通过虚拟教师实现（Han et al.，2010；Bailenson et al.，2008）。

2）激发学习者的好奇心和提高他们的学习动机是e-learning开发者的两大主要目标。对于学习者而言，虚拟教师在合作学习中最直接的作用是能提高课堂提问的质量和数量，进而提高课堂教学效果（Stefan，2012）。

3）在学校需要额外帮助的学习者常常不愿意请求帮助。当使用计算机提供“脚手架”时，不会有批评，其他学习者也不知道他需要帮助。计算机提供的“脚手架”不需要请求就可以提供个别化的教学支持。因此，学习者避免了挫折感，增加了被辅导的主动性和可能性。

4）常规课堂中的教师和学习者之间的交互，在虚拟教学系统中能在虚拟教师的帮助下保持，虚拟教师能及时出现在学习内容中给学习者建议、鼓励和提醒。

5）学习者的学习取向随着年龄、个人天赋、认知结构、先前经验和社会机会等变化而不同。在一个传统课堂中，学习者往往多达几十人，教师难以实时提供个性化的即时反馈和指导，但虚拟教师能做到这一点。虚拟教师比传统教师在个性化即时反馈和给学习者提供指导方面更有效率，在虚拟教室中一对一的教学环境能轻易实现。

6）在提高学习者学习水平方面，基于计算机的教学比普通课堂教学更为有效，但也没有达到人工辅导的水平。智能辅导系统方面的早期尝试是：模拟苏格拉底对话法教授电路故障分析；使用智能提问学习南美地理，为已有的“专家系统”添加医疗诊断辅导策略；数学教育游戏中添加辅导策略。中学数学、计算机编程及大学遗传学等很多学科领域，已经设计了全面的计算机认知教师系统来帮助学习者学习。认知教师可以显著地加快学习，并产生更多与传统的基于问题的教学相关的知识，实现优秀的人工辅导。

第三节　面向实践课程的虚拟学习环境案例

如果希望技术能成功地支持学习，首先，就必须要很好地理解怎样整合技术才能满足学习者的需要；其次，必须清楚地认识到，技术该如何有效地与教育情境结合才能真正地支持学习者活动和达到学习目标。要使计算机对学习产生积极的影响，教育软件必须围绕学习者的目标、需求、活动和教育情境来设计。

应用于课程学习的虚拟学习环境为了成为课程实质性的一部分，会在学习者刚介入学习领域尝试独立解决问题时提供支持，开发时要考虑该系统的用途及向学习者展示的内容和方式，在均衡考虑的基础上，确定设计方案。

虚拟学习环境的开发基于整合技术和动态交互系统开发模式，其中，把信息资源、工具、情景、教学、管理等资源和功能都综合在一个系统环境中，所使用的开发与传送技术就是整合技术；动态交互系统开发模式是强调整体性、开放性、情景性、交互性的系统设计模式。笔者先后研究了由两种技术路线实现的面向实践课程的虚拟学习环境案例，两种方法技术路线有区别，系统交互性效果也有差异。虚拟系统的构成见图 3-7。

典型的虚拟系统主要组成部分有可交互的虚拟环境、虚拟现实软件、输入设备和输出设备等。虚拟现实软件负责提供实时构造和参与虚拟世界的能力，

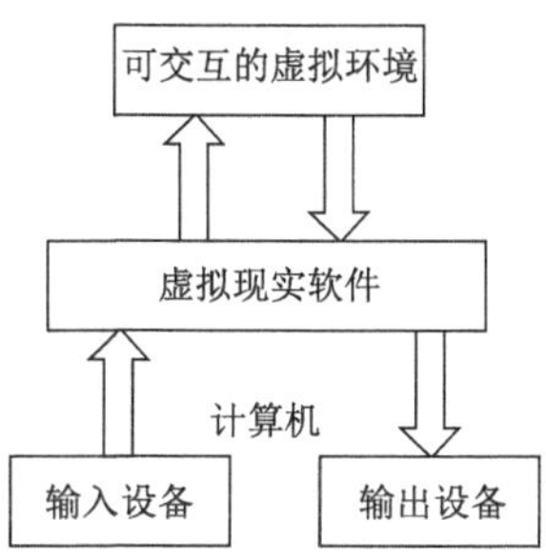

图 3-7　虚拟系统的构成

涉及建模、物理仿真等；输入和输出设备则用于观察和操纵虚拟世界，涉及跟踪系统、图像显示、声音交互、触觉反馈等（Russa，Sutinen，2008；Xiong et al.，2008）。

当前的虚拟学习环境系统大多是基于Web的，由于技术和资金的限制，要在其中普及由视觉头盔和数据手套等设备构成的力反馈式交互虚拟现实是困难的，但是以键盘、鼠标和显示器等常规输入输出设备在客户浏览器中构成交互环境的网络是可行的。目前，虚拟现实技术日趋完善，在教学中常用的网络虚拟现实技术（virtual reality，VR）有VRML（virtual reality modeling language）、QuickTime VR、Cult3D、Viewpoint、Flash、VRP（virtual reality platform，VR-platform）等，用于电子信息学科的仿真软件有PSpice、Saber、Protel、Matlab、EWB（Electronic Workbench）、Lab-VIEW和Multisim等，利用这些技术进行虚拟学习环境的开发可以弥补实际学习环境的不足。

一、面向实践课程的虚拟学习环境体系结构

面向实践课程的虚拟学习环境体系结构（图 3-8）分为用户层、交互层、Agent层、服务器层及数据库层。通过因特网进行通信的客户端和服务器端构成了整个系统环境。客户端可以预先下载并安装支持IE的3D浏览器插件如CortonaPlayer，并下载场景文件到客户端进行绘制。服务器端主要包括Agent组件、3D对象服务器、数据库服务器和文件服务器等（汤跃明，2007）。

1）用户层：虚拟学习环境中的客户端用户包括学习者和教师，注册登录后，下载浏览器插件并运行，可进入3D虚拟学习环境。

2）交互层：系统采用支持IE的3D浏览器插件，允许客户端和服务器端的交互，通过简单友好的界面，用户可以实现与虚拟场景中的3D对象、虚拟教师化身的交互，或者虚拟学生化身相互之间的交互。

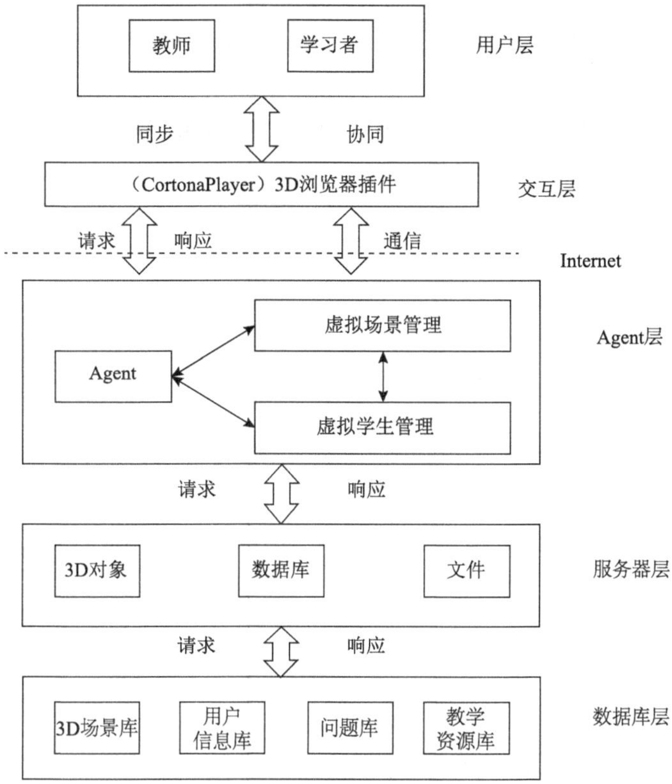

图 3-8 面向实践课程的虚拟学习环境体系结构

3）Agent 层：支持虚拟环境中的协同通信，包括 Agent、虚拟场景控制管理、虚拟学生管理，Agent 负责虚拟化身管理、个性化学习内容智能推荐和答疑。

4）服务器层：主要包括数据库服务器、3D 对象服务器和文件服务器。文件服务器包含 Word、PPT 等教学文本文档及预设的 HTML 模板；3D 对象服务器包括 3D 场景模型、3D 实验仪器设备模型和 3D 化身模型等。

5）数据库层：包括 3D 场景库、用户信息库、问题库及教学资源库等，用于存储学习资源数据、3D 几何模型、对象状态信息等。用户信息，即用户初始数据、个人信息、登录信息、聊天记录和学习记录等。问题库，即教师将课程的问题及答案存放到题库中，以供学习者查询解决学习中遇到的问题。教学资源库包括各种类型的学习资源文本、图片、动画、音频、视频等。它们是按资源类型分类的，用户可以按资源类型和资源名称进行检索。

二、采用 VRML 等技术的虚拟学习环境案例

1. 主要开发工具

1）虚拟现实建模语言：VRML，用来建立交互式三维多媒体教室和虚拟实验室；VRML 对三维图形生成的计算机性能要求不高，可以在低带宽异构网络环境中实时传输三维信息和接受远程指令，用它来构筑分布式虚拟环境具有低代价、集约化的特点，VRML 可以与 Java 结合起来以加强其交互功能。

2）Poser：用于三维人体造型的软件，结合 3D MAX 用来实现虚拟教师和学习者的建模。

3）Java：用来开发用于交互的通信软件，采用基于 VRML 和 Java 实现多用户共享环境的分布式虚拟协作子系统。

4）MYSQL 数据库：将它和 Java 结合，用来存放虚拟学习环境中学习者的通信记录、课程问题库、用户信息库、3D 场景库及教学资源库等。

5）Microsoft Agent：利用 MS-Agent 预定义的 Agent 精灵实现 Agent 与用户之间的交互。

6）Mash（Microsoft Agent Scripting Helper）：对 Agent 简单控制的软件，定义 MS-Agent 角色的各种人机交互动画，将所做动画角色以文件扩展名为. msh 的形式保存下来，供 VC①调用。

7）Adobe Dreamweaver：用其将做好的虚拟教室和虚拟实验室发布到网络，实现虚拟教室和即时交流通信程序之间的链接、虚拟实验室和即时交流之间的链接及虚拟教室和智能测试系统之间的链接。

---

① Visual C，简称 VC，是微软的一款 C++编辑器，是一个功能强大的可视化软件开发工具。

2. 虚拟学习环境开发流程

系统开发流程见图 3-9。

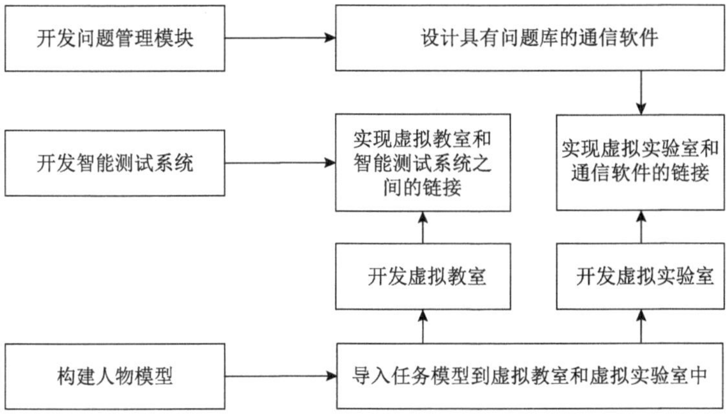

图 3-9　虚拟学习环境开发流程

虚拟学习环境以虚拟教室为载体，模拟真实的课堂教学环境，教师和学习者都以虚拟化身的形式出现，教师可以在虚拟课堂中选择视频播放，可以随 PPT 切换实施语音同步讲解，师生也可以就某个问题进行在线讨论。系统中设计了通信软件，通过简单友好的界面，学习者可以实现课程内容的选择和学习，可以和虚拟教师及其他学习者交互沟通。

该虚拟学习环境设计了虚拟教室、虚拟实验室模型和虚拟人物角色——“教师”和“学生”。在 3D MAX 和 Poser 中建立虚拟人物的模型后，可以将人物模型以 WRL 格式导出，再将其导入用虚拟现实建模语言开发的虚拟教室和虚拟实验室模型之中。

3. 各功能环节之间的链接实现

在多人在线交互的虚拟学习环境中，如何克服以计算机屏幕的有限视区展现现实视域空间中交流的困难，是本系统设计的重点之一。由此，应设计界面友好的可在线交流的即时交流通信软件以扩大交流空间，即开发一个交流空间，然后把前面开发的虚拟教室及虚拟实验室和该交流空间关联起来。

如将虚拟教室模型和通信软件做好后，即可通过 Adobe Dreamweaver 来实现二者的交互。首先创建一个本地站点，并将相关的文件上传到该站点中，再将虚拟教室镶嵌到网页中，并在网页中创建一个按钮（即时交流按钮），设置该按钮和通信软件相关联，通过该按钮来调用通信应用软件。当学习者需要交流时，即可点击该按钮启动通信软件进行交流。

同理，在网页中创建另一个按钮（智能测试系统按钮），设置该按钮和智能测试相关联，通过该按钮来调用智能测试系统。学习者进行一段时间的学习，需要自我测试时，即可点击该按钮启动智能测试系统进行自我测试。

三、采用 VRP 等技术的虚拟学习环境案例

方案一采用 VRML 和 Java 结合的方式进行交互，存在虚拟人物动作交互性单一、虚拟化身的拟人化程度难以提高、软件升级等困难，故暂不选用方案一。方案二采用 VRP（VR-platform 三维互动仿真平台，由中视典数字科技有限公司独立开发的具有完全自主知识产权的一款三维虚拟现实平台软件）VRP 与之前较为流行的虚拟现实建模语言 VRML 相比较，交互性、表现力等方面都有过之而无不及，程序逻辑的随意性和可扩充性都强于 VRML。VRML 需要和诸如 Java 之类的高级语言结合来控制动态场景，而 VRP 中控制动态的脚本主要依靠函数来实现各种功能（Cvetanovic et al.，2011；贺雪晨等，2012）。VRP 用来实现虚拟学习环境的交互过程是：建立虚拟人物角色，添加虚拟角色的各种表情及动作，调用多媒体文件，调用应用软件，设置实验室场景控制和虚拟实验的执行。此方案的交互程度高于方案一，并且易于实现且能扩展功能，故选用方案二。

虚拟教室、虚拟实验室和虚拟实验台在 3D MAX 中建模完成后将其导入 VRP 编辑器中，在 VRP 中添加各种人物角色及进行角色动画的设置，添加控

制按钮，添加教学视频和 PPT，可以调用智能测试系统和通信软件。其设计及开发流程图见图 3-10（高文等，2008）。

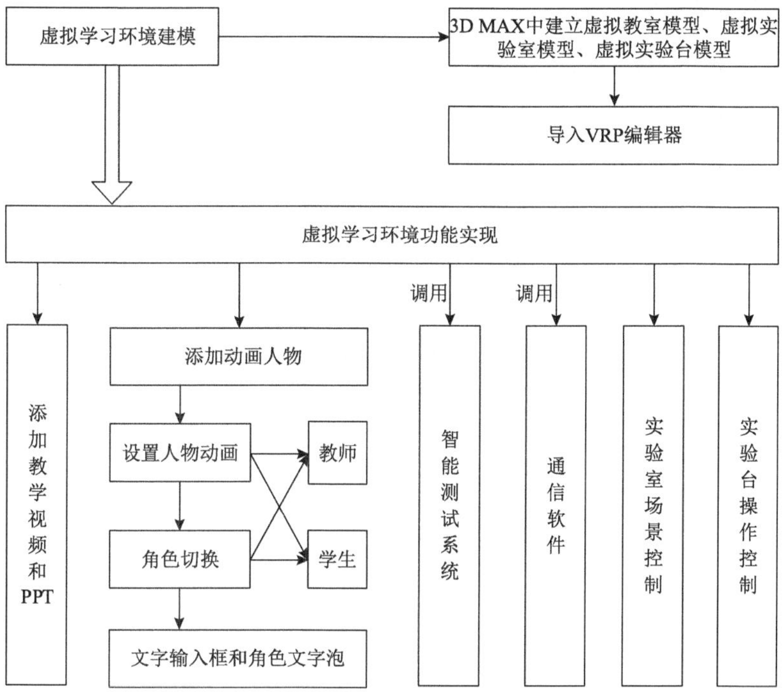

图 3-10　虚拟学习环境设计及开发流程

1）虚拟学习环境的建模：在 3D MAX 中建立虚拟教室模型，并在 3D MAX 中对 VRP-for-Max 插件进行配置，将用户在 3D MAX 中制作的场景导入 VRP 编辑器。虚拟教室模型建好后需要对其附上材质、渲染和贴图。为了使场景更加接近现实，在 3D MAX 中建立了草地、树木和道路等模型，并将其导入虚拟教室场景。

2）添加教学视频和 PPT：虚拟场景建好后，选择作为投影幕的默认图片，在脚本编辑器设置加载的视频，设置按钮对视频的播放控制，设置鼠标停留在按钮上时出现文字泡。

VRP 中不能完成 PPT 的直接播放，只能将 PPT 以贴图的方式贴在投影幕上。其操作过程和“视频控制”的设置过程类似。

3）设置动画人物：VRP 提供了很多已经做好的人物角色，角色库中双击适合的人物角色图片即可将其插入到场景中。

VRP 动作库中针对不同角色设置了不同的动作，在动作库中选择相应的动作即可添加动画。同时，VRP 支持对一个人物角色设置多个动画，可通过编写脚本完成各个动画之间的切换，通过设置键盘上的方向键即可对“人物角色”进行控制。

人物动画创建好后必须创建相机，这样才能使“人物”真正地动起来。选择“角色控制相机”，在弹出的对话框中为角色相机命名，在相机参数栏中设置好基本参数、移动速度，并设置跟踪物体。

4）角色切换：在此系统中，通过创建角色切换按钮，可以设置角色选择的功能，还可以支持多人在线。学习者可以根据不同身份选择不同角色，教师登录时选择“教师”角色，学习者登录时选择“学生”角色。

5）文字输入框和角色文字泡：在该平台中，学习者之间可以通过文字进行交流。交流时只需在“文本输入框”中输入文字，点击“发送”按钮，在所选角色上便会出现相应的文字泡。当选择“教师”时效果图见图 3-11。

图 3-11　文本交互效果图

6）智能测试系统和通信软件的调用：VRP 有调用应用软件的功能。设计者需要调用本地应用软件时，只需要创建一个按钮并实现其中的关联操作即可。该系统通过“在线交流”按钮实现对本地应用程序的调用，“在线交流”即采用 Java 开发的用于交互的“通信软件”。

该平台设置了利用 Microsoft Agent 开发的“智能测试系统”功能模块，学习者学习时只需点击该按钮即可进行学习效果自我检测。

本章小结

本章以乔纳森的建构主义学习环境模型为指导，强调以学习者为中心、强调问题解决情境中的心智发展和知识建构、重视学习的社会因素的影响和支撑作用；根据实践性课程的特点，考虑教学或学习的顺序，提出对良构和非良构不同的知识领域进行虚拟学习环境设计模型；将其作为面向实践课程的虚拟学习环境开发和应用基础，并基于此研究实践课程的虚拟学习环境的构成；着重扩展其学习空间及认知工具，加强虚拟学习环境人际交流与协作设计，设计了虚拟学习环境系统功能及系统架构,给出了面向实践课程的虚拟学习环境案例。

第四章

面向实践课程的虚拟学习环境学习支持设计

当学习者积极参与自我知识建构时，他们对知识的理解会更深入、更概括，动机会更强（刘泽良，2011）。以学习者为中心的设计研究聚焦于基于技术的建构主义学习环境设计，如在虚拟学习环境中，学习者通过利用其中的工具、资源和协作支持发展其对于该课程的理解，并融入技术营造的实践活动中。对于学习者来说，课程领域的实践活动具有一定的复杂性，因此，如何进行学习支持设计、实现学习环境的各种支架以帮助学习者学习成为研究焦点。

在虚拟学习环境环境中，自我调节学习能力非常重要。因为缺乏教师面对面的监控，需要学习者自己计划、制订目标、自我监控和调节、反思等，如果自我调节学习能力较弱，在网络环境中的学习效果会比较差。因此，虚拟学习环境的设计要考虑所设计的虚拟学习环境是否能促进学习者自我调节学习，具体的措施应该有哪些，如提供认知工具、设计计算机跟踪记录、设计系统提问及帮助、提供“脚手架”等。

自我调节的学习是指学习者在学习过程中能积极主动地激励自己并使用合适的学习策略，是一种动态的学习过程或活动，也被视为一种相对稳定的学习能力。学习是由学习者发生的行为而不是对学习者发生的行为。自我调节的学习理论强调，学习者能够使用各种不同的学习策略和动机策略以促进自己的学习，自我调节的学习者不是被动的学习者而是积极的学习者，在面对学习任务时能设置管理目标、运用先前知识、考虑可选策略、设计实施计划、遇到困难时考虑相近策略等，以此来监视和控制自己的行为（高文等，2008）。也就是说，自我调节学习是一种主动性与建构性的学习过程，学习者在这个过程中自己确定学习目标，监视、调节和控制自己的认知、动机及行为。自我调节学习最重要的特征是学习者拥有多种选择，学习者拥有的选择越多，自我调节学习的可能性越大，因而在虚拟学习环境的设计中必须注重反馈和控制的设计，同时重视学习交流和协作的设计，以增强学习者参与和自我监控。

本章研究面对实践课程的虚拟学习环境学习支持设计，以促进学习者以自我调节学习为中心，研究学习支持采取的策略及实现。

第一节 多种策略集成的学习支持设计

关于学习者自主学习的重要性，研究者已经达成许多共识。皮亚杰认为，学习者应被允许尽量能自己发现，教师为学习者所做的每一个决定都剥夺了学习者潜在的、可能更有利的学习经验。学习支持设计应该促进学习者自主学习，以促进学习者的自我调节为中心。软件设计应该考虑为促进理解将责任转交给学习者，并创建问题解决的情境，通过支架支撑，帮助学习者积极介入到学习中，学习各种问题的解决方法，在知识建构实践中变得更加自主（R. 基思·索耶，2010）。建构主义的“脚手架”在虚拟学习环境中非常重要。如果虚拟学习环境能够成功地提供各种“脚手架”，就能促进学习者自主学习，促进学习者对学习过程进行实时自我监控等。

技术环境中的“脚手架”支撑和传统上由教师提供的支架支撑存在差异，因此需要考虑两个方面的问题：一方面是传统的支架支撑方法如何应用于技术；另一方面是如何从技术中提炼新的支架支撑技术。在技术环境中嵌入支架设计以使复杂的任务容易实现是学习者中心设计的着落点之一。本书采用多种策略集成的学习支持设计来实现虚拟学习环境促进学生自我调节学习的功能。

图 4-1 为实践课程的虚拟学习环境学习支持设计结构图。

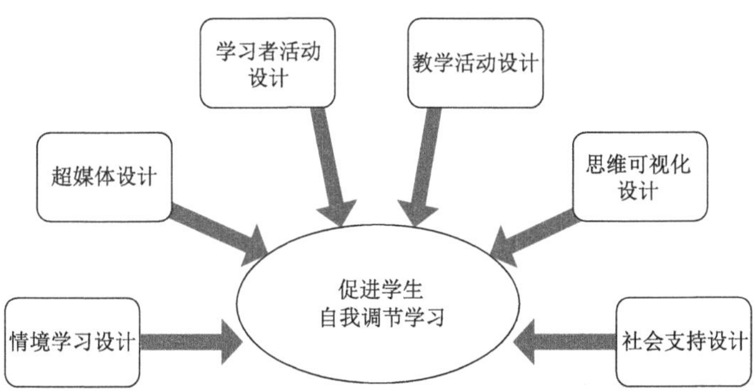

图 4-1 实践课程的虚拟学习环境学习支持设计结构图

一、情境学习设计

情境学习有模拟的情境学习、微型世界、录像视频等。交互学习设计是情境学习设计中尤其需要关注的部分，其极大地影响了用户对虚拟学习环境的交互性和投入性。

1. 模拟的情境学习

模拟的情境学习的特点是：计算机产生模拟情境，可操纵和建构，凭借模拟的方式可以让学习者探究新情境。

模拟允许学习者尝试不同的行动路线，以方便地应对多种不同的情境。计算机模拟让学习者在真实的情境中练习，避免了危险和低效率。如虚拟实验就是利用计算机技术模拟实验环境，学习者可以像在真实的环境中一样以交互的方式进行实验操作，完成各种实验项目。虚拟实验模拟了真实实验的场景，并能提供与真实实验的操作方法类似的实践体验。虚拟实验室为学习者提供了一个基于网络的实验教学、技术交流、共同研究和协同工作的平台，虚拟实验室的构建对于实践性课程尤为重要。

2. 微型世界

微型世界也是创造情境的方法之一，微型世界是受控制的、基于计算机的学习环境，是一种实践取向的模拟，学习者可以在其中尝试各种技能和知识。微型世界的基本特点是学习者可以操纵模拟环境中的对象，可以建构自己的实验系统，可以测试实验系统的行为。如由张景中院士开发的数学“Z+Z 超级画板”就是一种能在运动中保持几何关系的数学类微型世界，此微型世界通过把隐藏的几何关系直观化，使学习者可以直观地对操作结果进行观察、探索和思考，从而获得几何知识和学习几何知识的方法。“电子工作台”（Eletronic Workbench，EWB）微型世界允许学习者利用它提供的元件构造各种模拟电路和数字电路，并能动态测试电路的性能。微型世界的设计，需要将学习从简单过渡到复杂，并且将知识、技能和态度通过问题解决整合起来，将学习处于丰富、有意义的场景中。微型世界可以融合示范、指导、“脚手架”拆除、反思和探究等策略，促进学习者排除自己知识中的错误。

3. 录像视频

录像视频有助于提高学习者创设模拟环境，方便其在情境中学习技能，如虚拟教室可以设计视频播放的功能。

4. 情境模拟交互学习的设计策略

情境模拟技术环境下的交互性学习的本质是参与、互动和体验。参与就是通过创设自由探索的环境让学习者自主学习，如虚拟实验中的实验探索、微型世界中自主操控对象建构自己的实验系统、情境化学习中接近实际生活的自主性问题解决等，都为学习者自主参与学习提供了技术环境。互动的本质表现为人机交互中信息的即时反馈，其中技术作为分析思考的心智工具能及时为学习者提供可视化的信息，互动也表现为学习者可以同模拟中的角色进行互动，还可以同其他学习者进行互动合作。体验的本质是在情境中通过亲身经历获得认识，情境模拟学习提供了学习者亲身经历学习过程的机会。接近真实的情境可以增加现实感，角色扮演，如虚拟教室中虚拟学习者和虚拟教师，则可获得更多的主体体验，这些可以增强学习者学习的兴趣与动机。真实、相关和合作的任务，连同具体的实践，有助于创建能发展认知技能的学习环境。

二、超媒体设计

“超媒体”是网络资源中的热名词，其设计的好坏会影响用户对虚拟学习环境的使用水平。

1. 超媒体的定义和作用

超媒体是多媒体和超文本的结合，是具有多种表现形式（文字、图形、声音、视频等）的特殊超文本。超文本源于术语“hyper”，它超越了普通文本。普通文本是线性的，以从头到尾的顺序组织阅读，作者组织文本的结构和顺序会影响读者对文章主题的理解。超文本是以非连续的、非线性的方式来组织和呈现文本的，读者对阅读的内容和顺序有更大的控制权。超文本使学习者无须按照作者组织的文本思路，学习者能自己决定文本的阅读方式，获得更加丰富的意义。实验证明：用超媒体系统学习的效果优于用文本学习的效果（薛庆文，辛允东，2012）。

如何利用超媒体来促进学习者学习，首要问题就是如何让学习者把从超文本中掌握的信息整合到自己的知识结构中来。信息一旦出现在超媒体文件中，学习者首先需要将其与自己已知的信息联系起来，之后必须对自己已知的知识进行重组以便容纳新的知识，即把超媒体看作一种建构和学习的思维工具。

2. 超媒体的设计

（1）利用超媒体非线性的网状结构形成“十字交叉形”

超媒体包含多种媒体以表示信息，这些媒体之间是用超级链接组织的。超媒体系统支持两种形式的查询，一种是像数据库那样基于条件的查询，如问题查询；另一种是交互式沿链走向的查询如链接。超媒体能够较好地描述复杂的知识领域，并且为学习者提供与知识领域的交互，因而能支持支架式学习。超媒体的非线性多维结构的结点链接结构为实现非良构领域的“十字交叉形”提供了实现手段。学习者利用系统提供的十字交叉结构，从不同的视角认识学习，通过这种随机进入式的教学，可以非常主动地实现概念的“十字交叉”。

（2）用链接形成清晰的知识结构

为了帮助学习者更好地表征知识领域，超媒体文件的链接结构应该与该领域固有的知识结构相似，超媒体文件应该明确地标识出链接的位置和类型以使领域知识链接关系一目了然，这点对于注重知识的顺序和操作有步骤训练的实践性课程非常有必要。链接的形式要考虑该领域的语义学特点，如某种解决策略代表的意义，在设计超媒体学习工具时，要让学习者能够便利地使用各种功能模块和各种访问捷径，明确标识最有用的和最常用的功能模块。

（3）导航清晰

超媒体能够方便学习者自己选择学习的顺序。导航工具的呈现既要能表现网络上的连接关系，又要能表现概念上的相关性。可以设计如概要、索引、书签及先行组织者等导航工具，提供如航标、轨迹记录、返回、折回、节点选择等一系列功能，形成学习者在超空间的航线。系统可以记录学习者的历史轨迹，使学习者可以根据需要进行备份或是重温过去的学习内容。设计合适的分支可以让学习者选择性地看内容，因此，导航名称一定要与学习内容特征挂钩。超媒体系统某部件提供的实际功能应与该部件提供的视觉线索保持一致，如按钮用途的选择和设计，各功能部件要对学习者的相关操作给予反馈，如按钮点击加亮和提供屏幕转换标识等。

可以设计多种导航工具为学习者提供多点和多形式的访问通道，并且能够根据个体差异进行调整，使得学习者能够根据学习目标的转变、专家的意见和不同的知识来调整导航模式。

（4）为学习者提供范例

范例能较好地说明它所涉及的知识的特性，因此成为一种被广泛应用的知识表征模式。如果所要学习的知识不能被明确描述，或者各知识点间关系密切复杂，范例就是比较好的选择，如视频、音频、传统的文本及图表等形式的范例。视频片段伴随有文字说明，这些文字说明概括了其所涉及的策略及所要解决的问题。

（5）用分层显示信息的方式提供注释和范例

用分层显示信息的方式，可以帮助学习者更方便地保持相关概念间的联系。“分层显示原则”让相关信息作为“抛锚信息”在同屏中显示出来。所有的注释，如专家点评和视频范例始终显示在分层弹出的窗口中。导航工具，如索引、概要、导游（指南）在展开时显示于新弹出的窗口层。学习者点击某画线词时，一个有助于记忆的小说明就会出现。在设计过程中，研发者需对系统进行两轮测试，以保证设计的科学性和实效性。如工具栏中按钮的位置和组合方式就根据测试结果进行了多次调整。

三、学习者活动设计

建构主义学习环境中学习者的学习活动有清晰表达、反思和探究，实践性课程学习者尤其需要探究活动，需要清晰表达其所知和所学，推测其猜想、假设和验证，操控环境以建构和检验他们的模型，反思其所做及所学。

1. 清晰表达

（1）清晰表达的作用

清晰表达指让学习者解释和思考其所做的事情，言语表达有助于迁移，不得不将某个内容表达出来会迫使学习者弄清楚它到底是什么。当学习者在整个学习过程中持续地清晰表达他们尚未完全形成的、仍在发展中的理解时，最好的学习才能发生。清晰表达的使用能鼓励学习者去自我监控、探究和详细分析所采用的策略和行动，从而使他们的默会思维外显，而且学习者之间的清晰表达能使学习者洞察到看待问题的其他视角（薛庆文，辛允东，2012）。

（2）清晰表达的设计

根据学习科学的发现，当学习者得到支撑即受到引导以便能将某种知识表达出来时，清晰表达最有效。当学习者不知道怎样去组织他们的思维，也不知道怎样去说出他们的思考时，若要清晰表达其发展中的理解就需要帮助。清晰表达可以通过各种策略相互交织来进行，如讨论、演示、演讲和书面及其他形式的交流等。

学习者可以通过软件系统提供的工具和情境把他们的观点清晰地表达给其他学习者，如聊天室中的交流和讨论。提问可以引出学习者的思维，如智能测试系统中虚拟教师的提问及回答，就是利用相关的文本区域来促进学习者表达问题及思考。此外，实验报告的撰写和分析也能帮助学习者把学习从特定的情境中提取出来，清晰表达其思想和知识，促进知识在其他情境中使用。

2. 反思

（1）反思的作用

反思指学习者回顾其所做的事情，分析和评价其实作表现。反思的目标是通过让学习者回顾和分析他们个人或小组的表现和经验，理解和改进其学到的知识。

学习科学家已反复表明反思在面向深刻理解的学习中的重要性。学习环境应该向学习者提供使他们能更容易地清晰表达他们发展中的理解的工具，从而培养反思。一旦学习者清晰表达了他们发展中的理解，学习环境就应支持学习者反思他们刚刚清晰表达的内容。

（2）反思的设计

计算机有记录和表征过程的功能，在学习环境中能整合一些特定工具支持学习者监控、反思、明了其学习进程，将学习者的注意力直接聚焦到他们的思维过程，通过反思进行学习。表达对学习有帮助的原因之一是它产生了可能的反思或元认知（对学习过程和知识的思考过程）。通过为学习者提供学习工具来培养他们的反思能力，学习者能更容易地表达正在形成的观点。

在学习环境中，为了给学习者提供反思自己学习的机会，学习系统的设计可以嵌入如下问题："你觉得那种方式怎么样"，"你为什么选择那种方式"，"你从这种方式中学到了什么"等。促进学习者在整个学习经历中建构他们自己的问题，并且提供非线性的导航，可以使学习者能根据自己的意愿返回该程序中的任何地方。

学习环境应该向学习者提供工具去重演和观察自己和其他学习者的实作，或者让学习者把自己的实作和一套用于评价实作的标准进行比较，这些都有利于学习者加强反思。如设计智能测试系统记录和提取学习者在虚拟学习环境中使用的问题解决过程，可以将学习者提供的答案和标准进行比较和分析。

3. 探究

（1）探究的作用

学习者常常进行两种探究：一种是对世界的探究，学习者在一个不太结构化的环境中探究事实、问题、现象和世界的特征；另一种是对问题解决过程的探究，当要求对已有认知过程进行调整的新问题呈现给学习者时，学习者可以尝试不同的问题解决过程。

探究可以促进学习者学会制订可实现的目标，可以促进学习者学会怎样去发展和检验假设。教育的目标之一就是教会学生怎样形成假设、规则或理论，然后检验它们，看它们是否正确。探究鼓励学习者提出自己的问题，以促进其形成要解决问题时的自主性。当学习者用探究的方式来解决现实生活中的问题时，他们的知识建构活动就会以探究活动为中心。

（2）探究的设计

探究的目标应该考虑思维和学习过程，而不应该考虑那些仅要求机械记忆或简单身体实践的目标，应鼓励学习者参与解决那些需要归纳性推理的问题和非良构情境。

学习者探究的环境应该和他们实际应用过程和知识的环境相似，即这个环境应反映知识真实应用的条件。通过探究进行的学习可以发生在课堂或实验室，可以采用角色扮演、独立或小组项目和计算机模拟等各种策略进行，如设计虚拟教室和虚拟实验室进行探究。

学习者的目标是发现和解决问题，制订可实现的目标，检验假设，进行自己的发现。必须通过示范和指导教给学习者一般的探究策略，学习者在自己探究的时候才不会迷失方向。如果学习者迷失了方向，就应该为其提供指导和“脚手架”。探究过程中，应逐渐拆除“脚手架”，鼓励学习者自主行动，把责任转移到学习者身上。另外，学习者需要清楚地表达和反思他们的发现。

探究可以让学习者尝试不同的假设、方法及策略，发现其效果，这有助于学习者的问题的解决。学习环境应该提供工具，如提供虚拟环境让学习者去探究（中视典数字科技有限公司，2010），允许学习者去更快地探究这些假设和解决方案。技术支撑下的虚拟学习环境可以给予学习者个性化的密切注意和及时反馈，借助技术的帮助如虚拟实验室能让学习者去研究自己的实验项目，尝试不同的选择方案，探究这些方案是否有效，从而有利于反思性实践。

四、教学活动设计

建构主义学习环境对学习者提供支持的教学活动包括示范、指导、“脚手架”支撑。学习活动设计需要建构主义学习环境提供教学上的支持。

1. 示范

（1）示范的定义和作用

乔纳森将示范分为对外部实作表现的行为示范和对内部认知过程的认知示范。行为示范注重动作技能，认知示范涉及把内部过程外显。录像和动画不仅可以向学习者提供对技能的清晰的行为示范，而且可以展示对隐蔽的内部决策和问题解决过程的认知示范，即示范不仅侧重身体和外部技能的演示，而且侧重认知和内部技能，将专家的思维和推理过程外显。示范可以表明专家执行任务的过程，这样学习者就能观察并建立起对完成任务所需过程的概念模型，它揭示一个过程怎样发生并给出它会那样发生的理由。通过示范，学习者能面对超出他们当前水平的更高层次的思维过程,这对学习者的认知成长很重要(中视典数字科技有限公司，2010；王正盛，陈征，2010)。

（2）示范的设计

示范专家思维一般有三种方式：①向学习者提供整体任务的一个或数个模式，即提供概念模型；②示范及解释专家策略；③把任务分解成小的、可处理的部分。示范不仅可以出现在一个单元学习之初，也可以贯穿整个学习过程。

在建构主义学习环境中，仅仅要求身体外部技能的简单任务可以让学习者按一些按钮来获得，如“向我演示”或“我怎么办”按钮，或给他们提供一些样例来实现示范。对那些涉及复杂认知过程的示范，应设法使其认知推理过程外显，其实现主要是让有经验的实作者运用如录像和动画，清晰地表达他们问题解决过程的每一步骤所涉及的推理或决策。

技能是通过操作练习而形成的活动方式。动作技能只有通过实际操作训练才能形成，通过模仿、操作、反复练习才能达到熟练而形成技巧。实践性强的课程尤其需要这样一个过程，可以利用多媒体直观、形象、逼真地讲解仪器设备的结构、工作原理和使用方法，以特殊效果呈现示范动作的要领，以变化的节奏表现过程的阶段。

在示范过程中，动画、声音、文本和图画等多种媒体都可以被用来刻画或凸显过程的不同方面。例如：①示范物理过程，利用模拟技术可以示范电子在电路中怎样运动，示范微观过程。②示范专家实作，演示专家用来解决问题时所用策略，可以使得专家的默会知识外显。如果学习者能够反复观看这些专家的示范，就可以获取不同的细节和体会。动画、声音等有助于事情变得更清晰，能够促进学习者建立整合性的理解。录像技术也能帮助示范专家过程，如虚拟实验室设计视频播放实验示范，在这种特定的环境中学习者观察专家的示范，会更好地理解特定环境中适宜的行为。示范可以给学习者提供指导和帮助，有助于学习者发展技能及技巧。设计虚拟学习环境时应该注意信息的及时反馈，如使学习者易于返回所需要的示范中去，这种方式能使学习者在学习一些相关问题后，便捷地重新去探讨专家的示范，以获得更多的体验和帮助。

2. 指导

（1）指导的定义和作用

指导指教师引导、支持和监督学习者的工作，以帮助学习者技能和理解的发展。指导的目标是帮助学习者实现学习目标。指导过程始于帮助学习者选择任务，以最终对学习者的成品提供反馈而结束。在中间过程中指导策略如下：为学习者搭建“脚手架”，为学习者提供反馈、提示和暗示，激发学习者的参与动机和信心，监控并调节学习者的行为，提醒学习者查资料，帮助学习者进行某方面的思考，引发学习者的反思，扰乱学习者的错误心智等；以促进学习的方式组织课程，让学习者互相合作去克服弱点等。因此，指导就是做所有能做的事情去帮助学习者自始至终地学习，并根据学习者不同专长在不同的发展阶段提供不同的指导。

（2）指导的设计

虚拟学习环境能给学习者提供必需的指导。计算机系统能记录和观察学习者，在学习者需要时给予及时的个性化提示或帮助。计算机监控学习者的实作，能在学习者遇到困难时，提供多种假设，促进学习者自己控制任务的执行，帮助学习者完成任务。通过计算机指导，学习者能从多重视角看待自己实作的整个过程并进行客观评价。这有助于学习者元认知策略的应用。

虚拟学习环境中的指导可以通过设计“我做得怎样”按钮来提供帮助，由学习者引发，也可以通过设计虚拟教师来观察学习者的实作，提供鼓励、诊断或反馈。

3. “脚手架”支撑

（1）“脚手架”的内涵和作用

维果茨基认为，当学习者在最近发展区阶段完成某特定任务时，提供恰当的“脚手架”会给学习者足够的推动力去完成它。“脚手架”包括两个过程：一是指更能干者向学习者提供支持，这里的更能干者可以是教师、同伴、共同体成员、领域专家、家长和计算机；二是指支持系统的逐渐拆除，让学习者能够独自完成过去必须有“脚手架”支撑时才能完成的任务（汪航，孙琪，2010）。

（2）“脚手架”的设计

“脚手架”的设计既是促进学习者建构的支持，也是促进学习者自我调节学习的支持。

在为学习者的活动设计“脚手架”支撑时，学习者有不同的经验，或者在整个过程的不同部分感到束手无策，因而应根据个体学习者的情况作出调整，设计不同种类和数量的“脚手架”。学习者中心的技术设计需要考虑提供各种“脚手架”支撑以帮助学习者将其先前的知识和所要探究的学科表征联系起来。“脚手架”的一个关键要素是，必须提供刚好足够的支撑去鼓励学习者的进步。在学习者变得熟练，技能和观点被内化后，“脚手架”就应该被拆除，从而给予学习者更多的责任。

有效的“脚手架”应提供提示和暗示，帮助学习者自己去解决问题。以促进学习的方式为学习者提供帮助是最好的“脚手架”。如果直接告诉某人怎样做某事，或为他做此事，虽然能帮助他们实现当下的目标，但这不是好的“脚手架”，因为学习者没有积极参与知识建构。

为学习活动搭建“脚手架”的具体方法有：引导学习者对关键信息加以注

意，提供工具、启发引导、做演示、示范问题解决策略、提供活动反馈等。学习者之间可以通过交流工具互为支持，相互搭建学习的“脚手架”，利用自己擅长的知识技能为同伴提供一定的帮助和指导。

基于计算机的交互性学习环境中的“脚手架”可以采取结构化的任务形式，当学习者不知道该做什么时，帮助系统会提供建议，提供关于怎样做事情的指导，必要时给予提示，如建议使用认知工具帮助学习者表征或操作难题，或为学习者提供样例让学习者理解问题的本质，或创造一个概念图，帮助学习者明确观点之间的关系等，从而把问题或项目的要求清楚地传达给学习者。在虚拟学习环境中，可以设计“帮我做”按钮，使学习者得到“脚手架”的支持。

五、思维可视化设计

思维可视化包括两个方面：一是让专家在示范、指导时进行出声思维，使专家思维外显给学生；二是让学习者意识到自己的思维，这是发展认知技能的一种方式。使学习者思维可视化的策略有：通过帮助学习者清晰表达自己的推理，反思问题解决策略，使其思维可视化；让学习者以小组合作形式解决难题，进行出声思维，分享进行某项研究的策略；让学习者回顾其学习收获，比较其最初学习和后来解决问题方法的不同之处等。这些活动有助于学习者发展中的思维过程可视化，使得学习者对其凭直觉使用的策略建立一种意识，从而帮助他们更有目的地使用这些策略。

在许多情形下，概念的可视化和空间理解先于言语化的理解，并能够帮助促进言语化理解（刘向群，吴彬，2010）。多种类型的知识可以通过设计软件用可视化的形式呈现，实践性课程的知识点练习、原理的推导、电子线路实践项目探究的具体步骤过程，都可以通过计算机以可视化的形式呈现出来。

六、社会支持设计

在协作/合作学习中，学习者可以分享彼此的经验，得到同伴的反馈和支持，这些都有利于学习者建构对新知识的理解。比起其他的任何教学干预，一旦学习者对学习任务产生了自我认识和认同，就更能推动他们的思维过程。因此，在学习环境中设计最能发挥网上合作优势的活动至关重要。

设计应该考虑促进学习者与同伴、教师之间的交互，帮助学习者向他人学习。以学习者为中心设计的工具应该促进学习者、教师及专家之间的社会交流，并能够给他们提供一个讨论区，在这个讨论区里他们可以展示观点。如开发交流工具为学习者提供与他人交互的多种方式。学习科学家发现，当学习者外化并表达自己正在形成的知识时会发生较好的学习效果。学习者往往并不是第一次学习某一知识后就能把它清晰地表达出来。如果学习者在知识架构尚未成形时就开始进行表达，并一直贯穿于整个学习过程，学习与表达就会在反馈中相互加强。学习者之间的协作和对话是很关键的，因为它能使学习者从清晰的表达中获益，有助于解决模糊不清的问题。

虚拟学习环境设计离不开合作学习。如果要解决的问题或要完成的任务难度超越个体学习者的能力，学习者就需要在专家和同伴的帮助下超越自己的“最近发展区”，合作问题解决能使学习者分享知识和技能，同时有更多机会去掌握某种知识和相关技能。学习者先前知识不同、能力各异，具有各自的分布式知识，在实践共同体中进行合作和社会交互，有利于他们的问题解决和朝向专长发展。同时，在新手学习者专长还不太发达时，合作学习能消除他们的焦虑，使他们在学习中更有安全感。协作学习通过网络的使用把其整合到虚拟学习环境中，使得基于网络的学习者可以分享其发展中的理解，从协作学习中受益。如交流工具聊天室通过个人的反思及与他人的交流来促进概念的转变，聊天室能够促进建构性和协作性的学习。

第二节　电子技术课程的虚拟学习环境学习支持实现案例

实践课程的虚拟学习环境学习支持设计以促进学生自我调节学习为中心，有情境学习设计、超媒体设计、学习者的学习活动设计（学习者的学习活动有探究、反思和清晰表达）、对学习者提供支持的教学活动设计（教学活动包括示范、指导、“脚手架”支撑）、使思维可视化设计、社会支持设计等。这些设计可以分别采取合适的技术方法实现，以实践性较强的电子技术课程为例，设计并实现该课程的虚拟学习环境学习支持，研发交互性虚拟实验室、交互性虚拟教室等学习空间，开发即时交流、智能测试系统、问题查询等认知工具，设计虚拟教师和虚拟学生以加强师生间、学习者间的交流与协作，提供支持学习者进行建构性学习的各种学习资源和工具，体现以促进学习者自我调节为中心的上述多种策略。

一、虚拟教室的设计与实现

基于 VRML 创建的虚拟教室是以真实的多媒体教学中心为模型，其中有课桌、计算机、投影仪等教学设施，学习者在教室中可以完成一系列交互的学习过程。教室前墙上设计多个控制按钮，可以实现虚拟教室中投影幕的打开和关闭、窗帘的打开和关闭、教室中灯的控制；可以实现多个教学视频的相互切换及视频和 PPT 课件之间的切换，笔记本电脑的开、关等。

本节设计了六个不同的虚拟学习环境，学习者只需点击浏览器插件中的“下一个视点”按钮即可调节学习者的视角，从不同的角度对虚拟学习环境进行查看。

1. 虚拟教室的特点

虚拟教室是一个以 VRML，即虚拟现实建模语言为基础构建的虚拟学习环境，其模拟真实的教学场景。学习者可以使用 3D 替身在虚拟教室中走动，替身的状态——位置和方向标识了用户在场景中的视点。它是学习者体验虚拟学习环境真实感的基础。在虚拟教室学习环境中设计一个智能虚拟教师的角色，有助于增强网上学习的真实场景感。远程学习者可以与虚拟教师、虚拟学生一起交流、讨论，进行协作化学习。将学习内容划分为自成一体又相互联系的多个知识点便于学习者对学习进度进行掌控，如学习者向虚拟教师提某个方向的问题，虚拟教师就呈现相应知识点的讲解。学习者可以按照自己的需求来选择学习内容和虚拟教师的指导，有助于其学习自主性的提高。不同的学习者有不同的喜好取向，因此系统中设计了不同特性的虚拟教师形象和学习者化身，学习者可以根据自己的喜好选择不同的化身和教师形象（D. H. 乔纳森，2008）。

此虚拟教室的特点是：①学习者可选择自己的化身，在共同的虚拟教室场景中彼此感知；②学习者可与虚拟教室场景中的三维实体对象交互；③场景中的化身之间也可交互会话；④学习者可以对虚拟教室进行任意角度的观察和自由操作，在虚拟场景可以自动漫游、自动切换；⑤多个学习者用化身的形式可以同时进入网上课堂，用文本或语音的形式和虚拟教师及其他学习者交流；⑥智能虚拟教师能够识别学习者的输入信息，并且作出相应的反馈，回答学习者的问题或给出相应内容的课程讲解；⑦虚拟教师具有简单的表情和肢体动作，可以帮助学习者理解所呈现的学习内容。

2. 虚拟教室设计

此虚拟教室的设计主要包括两大部分：一部分是虚拟人物和虚拟场景设计；另一部分是教学交互场景设计。系统设计流程图见图 4-2（D. H. 乔纳森，2008）。

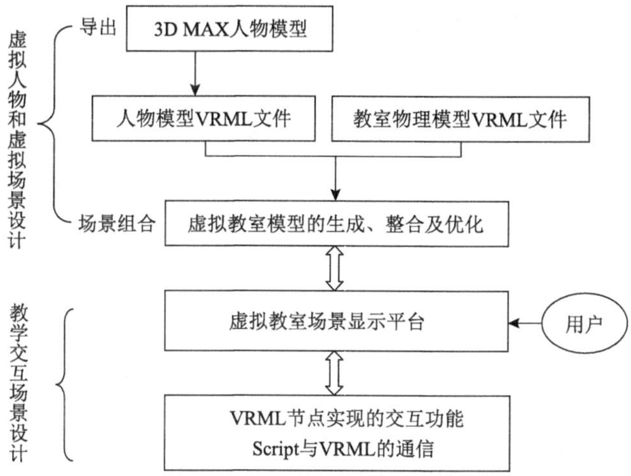

图 4-2 虚拟教室设计流程图

（1）虚拟人物的设计

本节使用 Poser 软件设计人物形象，该软件构建三维人物模型逼真生动，并且可以导入 3D MAX 场景。在 3D MAX 中可以为虚拟人物添加骨骼，并在 Physique 修改器中完成其封套调整。在运动面板为虚拟人物设置骨骼足迹，虚拟人物就可以走动。

3D MAX 软件支持 .wrl 输出格式，可将其转换成 VRML 格式，然后将完成的虚拟人物进行整理和优化。

（2）基于 VRML 的虚拟教室三维建模

虚拟教室三维建模有如下部分：①教室场景的背景及化身导航类型设置；②环境建筑造型设计；③窗帘设计；④投影墙幕布设计；⑤影音同步输出；⑥投影仪设计；⑦光源设置；⑧笔记本电脑的设计。

（3）场景组合

当虚拟人物和虚拟教室三维建模各部分场景构建完成后，即可使用行插入节点（inline）将这些场景组合成一个完整的三维虚拟教室。在场景组合时，需要调整部分场景之间的物理位置和比例。

二、教学交互场景设计与实现

建立三维模型后，人们就已经可以感受到一定的三维逼真效果。为了使浏览者不仅能接受信息，而且能控制场景，使场景的动画效果更加逼真，就必须进行交互场景的设计（R. A. 瑞泽，J. V. 邓普西，2008）。

1. 虚拟教室交互功能设计

学习者登录虚拟教学系统后，通过 VRML 浏览器控制面板上的各种控制钮，可以利用鼠标对虚拟场景进行平移、缩放、倾斜、旋转等，可以进入虚拟场景对三维对象进行观察和操作。为了使学习者有身临其境之感，需要将学习者“放在”与现实学习环境相似的场景中。现实教室中具有的设施和交互功能都应在虚拟教室中实现。虚拟多媒体教室为每一个学习者配备了笔记本电脑，学习者点击笔记本电脑的图标就可将其打开，可以在电脑屏幕上翻页，根据提供的课程名称目录选择想要学习的内容（D. H. 乔纳森，2008）。

观看 VRML 三维世界需要特定的 VRML 浏览器。VRML 浏览器是一个可嵌入网页浏览器的插件，同时也是一个独立的应用程序，软件安装在本地计算机上后，就可以对用户的 VRML 文件进行解释执行，通过实时的 3D 着色引擎渲染出场景造型，并提供多种方式实现用户与场景的实时交互。

交互功能按钮设计在虚拟教室正面墙上，交互内容包括：①教室场景自动门的控制，门能手动开关或能自动探测学习者位置而开关；②能透过玻璃窗看到外面的世界，配有能拉动的窗帘；③灯可开关并能显示不同的光照效果；④笔记本电脑的开及关；⑤投影墙幕布的展开和收缩，学习者点击开关，控制投影幕布的卷起和落下；⑥多媒体投影仪的控制和黑板的显现控制；⑦视频、音频等教学文件的播放和停止控制；⑧教师与学习者交互文本显示的控制；⑨学习内容的选择等。

交互场景的设计是基于 VRML 节点的交互功能，能通过传感器检测浏览者在虚拟场景中的动作事件。通过动作事件的传递，实现浏览者和虚拟环境的交互。

2. 视频的播放与控制

虚拟教室是按照学习者日常上课的常见方式进行设计的。学习者可以通过投影仪的演示接受知识。在 VRML 中，应用 Movie Texture 节点可实现视频的播放，主要采用纹理映射，即将图形贴到造型材质的表面。其主要原理是将一帧帧的图像进行材质贴图，通过贴图连续地显示形成动态影像，并使用声音节点同步播放该文件的声音，实现视频、音频同步输出。声音的播放可以实现立体声效果、声音大小随距离变化、声源位置设置，使得视频的播放效果更加真实。

视频播放主要通过设计一个可引用本地视频的语音同步的视频播放器来实现，视频播放控制则可通过定义一个接触传感器来实现（D. H. 乔纳森，2008）。视频播放效果见图 4-3。

图 4-3 视频播放效果图

3. 虚拟教师和学习者之间的交互

虚拟教室系统中，虚拟替身之间可以通过文本、动画、按钮等方式进行交流。以文本交流为例，设计思路是提供一个交互点即一句提示性文字及点击的开关，学习者根据文字提示点击开关，其替身会产生一定的动作和面部表情，同时显示回应性文字。在实际交流中，很多信息是通过语调、面部表情和肢体语言体现的。因而，虚拟教师被设计为具有一些简单的表情和肢体动作的角色，如刚刚进入课堂的时候虚拟教师微笑，学习者提出模糊问题时虚拟教师迷惑，学习者自测得分率高时虚拟教师高兴等,这些交互有助于真实学习场景的重现，加深学习者的学习体验（D. H. 乔纳森，2008）。

系统设计可以利用 Java 技术实现聊天室的建构，学习者可以通过聊天室向教师提出疑问，也可以将问题发送至全班和其他同学相互讨论，增强教学的互动性。学习者状态栏中有开心、郁闷、烦恼等状态供学习者选择，可以反映学习者当时的学习情绪状态，增强具有交互性的场景真实感。

4. 智能虚拟教师的实现

智能虚拟教师能感受外界刺激信号(如学习者的输入信息)和执行相应行为。为了使虚拟教师和学习者能以用户的身份在现实世界中同样的方式交互，可以使用人工智能（artificial intelligence，AI）技术，建立依附于虚拟教师的智能代理。智能代理是能在环境中自主行动的计算机系统，它能通过传感器和执行器同环境交互（李芒和金林，2013；秦文虎等，2009）。其结构见图 4-4（李妍，2007）。

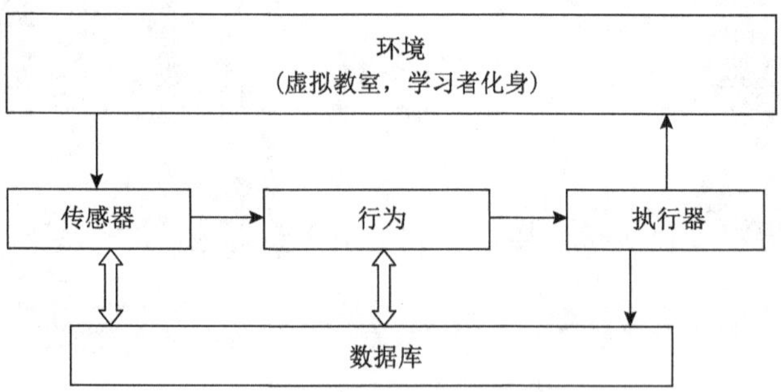

图 4-4　虚拟教师的智能代理

图 4-4 中，传感器能感受外部刺激信号，刺激信号可以是虚拟教室中的物体或学习者化身的交互信息。传感器能通过阅读数据库获取信息并发送信息给数据库。行为模块从数据库读取行为规则、行为代码并送给执行器，由执行器执行相应的动作和发送有关动作信息给数据库。数据库包含虚拟教室中的物体位置、化身的行动代码、虚拟教师的动作计划脚本和虚拟教师的情绪状态等。

智能虚拟教师能感受环境和作出自己的决定，这意味着虚拟教师能接受来自学习者和场景的指令，能编译交互环境中的行为，虚拟教师和远程学习者之间存在一定程度的自然交互。

语调、面部表情和身体语言可以表达大量信息，情绪效果能帮助学习者加深对学习内容的理解。如何使面部表情动感化并且能结合虚拟教师的语言手势是必须解决的研究点。例如，嘴唇运动应该和语言是一致的。数据库建立了虚拟教师的五种情绪状态：问候（用在交互的开始）、高兴、悲伤、迷惑（当答案没被确定时）、说话（当学习者口头交流时）。虚拟教师被设计成与软件的学习模块同步，根据既定情形与用户交互，也可以根据学习者的需求采用 Microsoft Speech SDK 5.1 将文本转换成语音。语音和文本的加入可以丰富虚拟环境中的活动，用户之间的交流通道通过语音连接得到了拓展，这样能以更自然的方式进行交流，让分散的学习者感觉处在同一个空间中（胡燕，2010；崔贯勋等，2011；Tang，Fu，2008）。

图 4-5 所示的是正在讲述互补对称功率放大电路且表情愉快的虚拟教师情景。

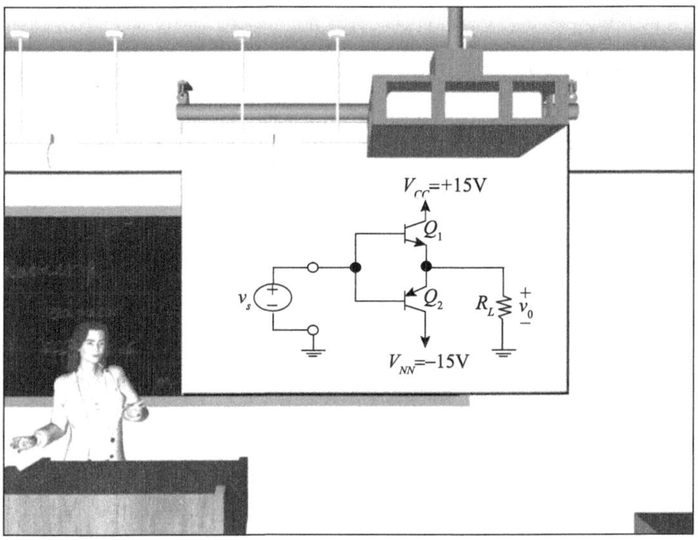

图 4-5　表情愉快的虚拟教师

三、智能测试系统的设计与实现

智能测试系统是利用计算机模拟教学专家的思维过程，以学习者为中心、计算机为交互媒介的交互系统。智能测试系统通过对学习者学习情况的诊断与评价，可以实现教学的个别化。同时，由于利用了专家领域知识，在一定教学策略的支持下，智能测试系统可以对学习者的个别化学习进行有效控制。

众多的基于问题的学习环境使用着不同的支持学习者学习如何解决问题的教学方法。个别指导法是普遍使用的一种方法。个别指导过程是一个显示问题—回答—反馈的循环过程，同时附有对学习者能力的评价，可以有效地应用于结构良好的问题。本节设计的智能测试系统使用的就是这种方法。设计好的软件将学习者的回答与存储在数据库中的正确答案进行比较，如果学习者回答正确，则会受到激励、奖励；而回答错误则会给学习者提供补救性的学习机会，软件为学习者提供了一些分析性的反馈，以帮助学习者理解错误原因。在对学习者进行补救性学习之后，软件程序会再次呈现问题，给学习者再次作答的机会。

该智能测试系统具有较好的教与学的交互功能，遵循专业学习和语言应用的规律，可全面照顾学习者的个体差异并能实现教学的个别化。学习者能够按照教师的要求，根据自己的需求进行预习、复习和练习，采用适合自己的学习方式及学习策略。

1. Microsoft Agent 技术的利用

Agent 驻留于动态的环境中，是能够感受和作用于这个环境，并代表用户或者执行者达到设计目标或完成相应任务的计算实体或程序。与用户的交互能力是 Agent 最重要的属性，它可以替代或帮助用户完成任务且按照用户的命令去执行任务。

Microsoft Agent 系统是微软公司开发的一个卡通型人机交互系统。该系统可以利用 Microsoft Agent 预定义的 Agent 动画精灵或任意 Microsoft Agent Character Editor 定义新的 Agent 动画精灵来实现 Agent 与用户之间的交互。Microsoft Agent 的文本朗读 Text-To-Speech（TTS）引擎和语音输入识别引擎使 Microsoft Agent 有了语音按钮，使 Agent 动画精灵能完成复杂的对话、记录声音和文本，为智能测试系统的设计提供了重要前提。Agent 动画精灵通过形象与动作的变化、语言交流，对用户的输入内容进行判断，与学习者一起进行学习活动，在学习的过程中建立起虚拟社会生活情景（任利锋，2008；刘建国，2009）。

Microsoft Agent 应用于学习软件的开发，能把声音、文本、动画等多种形式交织在一起反映特定信息，从多个方面、多个层次、多个角度全方位地展现信息，调动人的视觉、听觉等不同感官协同作用。采用 Microsoft Agent 可以使学习系统增加人性化色彩，创造良好的交互界面。从学习系统可实现的功能与双语教学的规律来看，Microsoft Agent 技术的应用可以达到吸引学习者兴趣的目的，满足双语教学系统交互性强且学习者个体性突出的特点，满足学习者自主学习的需要。

2. 智能测试系统功能

1）系统提供友好的交互界面，将声音、图像、动作和互动式操作结合起来，Microsoft Agent 通过 TTS 和动画精灵将文字信息转换成语音输出并作出生动形象的动作，可以抓住学习者的思维。

2）设置情景教学，将学习者和动画精灵形成信息交换的通道，达到人机合一的教学环境。在测试环节彼此交流的过程中，让系统对学习者的错误作出及时反馈，并指出纠正的方法，实现个性化辅导。恰当地使用 Microsoft Agent 的动画功能，如在例题演示时动画精灵对重点作出相应的指示；在实验操作图像演示时，动画精灵对关键点重点讲解。

3）系统为 Agent 引入了动态情感，用于加强 Agent 与学生之间的交流。贯穿于 Agent 对学生的辅助与监测中的动态情感拓宽了教学系统的外延。例如学生完成一项任务时，Agent 采用相应的情感和动作给予其评价、激励和肯定，学习者在学习过程中所需要的评价、鼓励和督促就以虚拟化形式获得。

4）系统具有记录功能，能跟踪学习者的学习过程、为学习者形成学习档案、为教师提供学习者的信息。

5）可通过简单地安装控件，实现系统功能升级。系统中还有一些常用命令按钮和其他辅助功能，如答题计时和计分功能等。供测试用的题型和题量可以补充和扩展（Abramovitz，2011）。

3. 智能测试系统设计流程

以学习理论为指导基础，通过对学习对象、学习内容和学习目标的深入分析及细分，设计尽可能多的学习线路供不同需求、不同特点的学习者选择使用。分析学习需要、分析学习对象、分析确定学习内容的过程是系统设计必不可少的重要环节，体现了以“学习者为中心”的设计思想（Abramovitz，2011）。图 4-6 为智能测试系统设计流程。

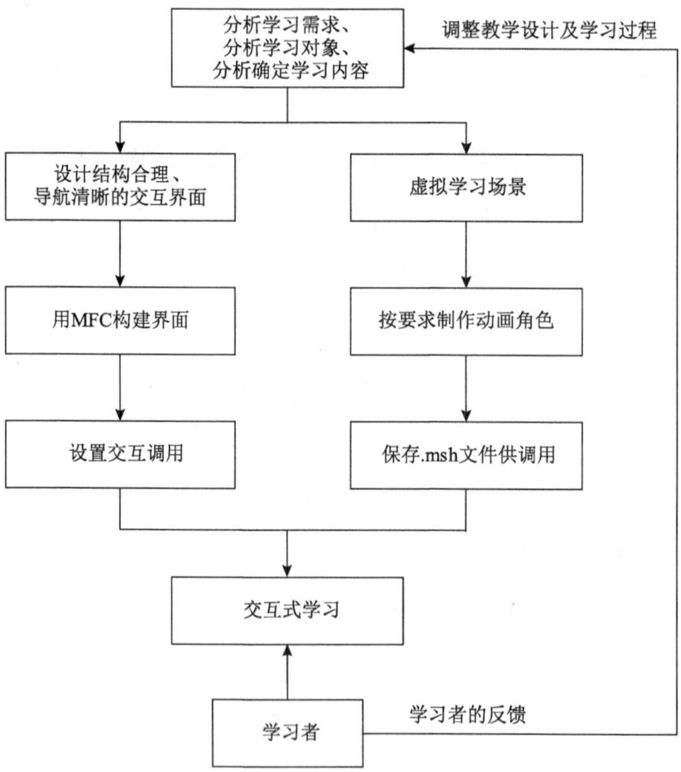

图 4-6 智能测试系统设计流程图

设计时要准确分析虚拟教学情景，利用学习者的积极反馈来调整教学设计和学习过程，设计交互界面要做到结构合理、导航清晰，问题设置富有吸引力。

学习系统软件设计的重点部分：①学习软件界面及功能设计；②动画精灵人物设计；③学习软件界面与动画精灵人物交互调用设计。用微软基础类库（microsoft foundation classes，MFC）设计教学软件界面；根据课程内容和交互式学习功能的要求用Microsoft Agent设计动画精灵人物的各种人机交互动画并保存为.msh文件，以便被调用到学习界面场景中。

4. 学习系统交互性学习模式的实现

学习系统的界面是用户和程序的接口，界面实现了对人与虚拟世界交互模式的控制。界面构建以学习系统的功能需求和学习者的使用方便性为准则，因而界面的整体设计思想主要考虑两个方面：一方面是将虚拟场景交互过程中的信息通过简便的用户界面传达出来；另一方面是从用户操作的角度出发，使操作简单灵活、方便直接。界面交互功能的输入控制实现的是通过界面中按钮区域位置的激活，来触发不同的功能程序（Abramovitz，2011）。

系统基本界面有：①欢迎界面，包括欢迎词、题型选择区及基本功能区，题型有选择题和问答题两种，还可根据需要扩增其他题型；②选择题界面，包括标题、题目组别及序号、题目编辑区、选项区及基本功能添加键等；③问答题界面，包括题目序号、题目文本编辑区、答题区及功能键等。

利用VC的MFC可以基本构建出外观比较简单、功能比较完备的学习软件界面，这是实现交互学习的基础。交互学习模式的实现是基于VC外部程序的调用功能的，对界面中特定按键预先定义了与之相对应的动画精灵.msh文件的外部调用。当触发这些按键时，系统将调用出对应的动画精灵与学习者进行交互，实现交互式学习。值得特别强调的是，这些交互调用出来的动画精灵是通过TTS语音引擎功能将文本以语音的形式表达出来的，这大大提高了学习的趣味性。这种新型的学习模式能够让人直接感受到三维动画效果，吸引学习者的注意力，提高学习效率，达到此教学系统设计的目的。

（1）欢迎界面的外部调用

为了使学习系统更具人性化和趣味性，学习者进入主界面点击 Animation 按键时，系统将调出一个动画精灵通过 TTS 以语音方式致欢迎词，同时提示学习者选择题型（图 4-7）。

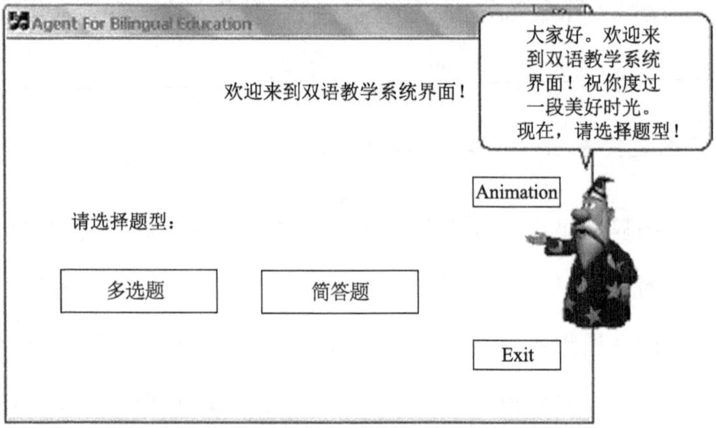

图 4-7　欢迎界面的外部调用效果图

（2）选择题界面的外部调用

在选择题界面，当学习者选择题目对应的选项时，系统会根据事先定义的调用将对应的.msh 文件调用出来，与学习者的选择进行语音交互，可以是判断正误，也可以是详细解析，其交互调用效果见图 4-8。

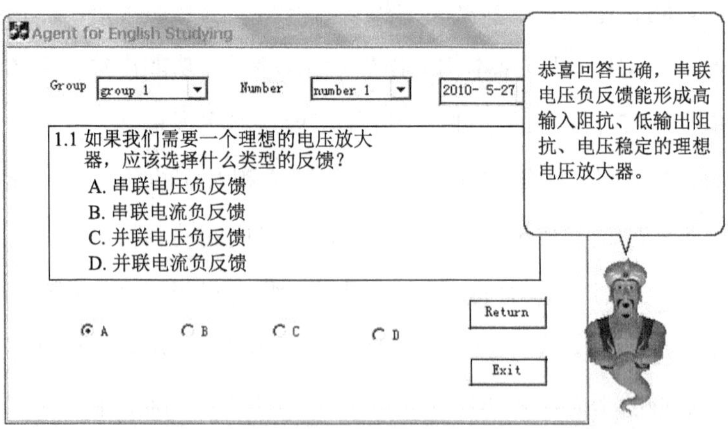

图 4-8　回答正确时 Agent 对问题进行解析效果图

（3）问答题界面的外部调用

在问答题界面，学习者在答题区将答案输入后，如果想要知道该题的标准答案，可以点击 Standard answer 按键，系统将调用出相应的 Agent 以语音方式对标准答案进行解析，供学习者参考。点击 Show picture 按键，若题目有图形则调出图形。交互调用效果图见图 4-9。

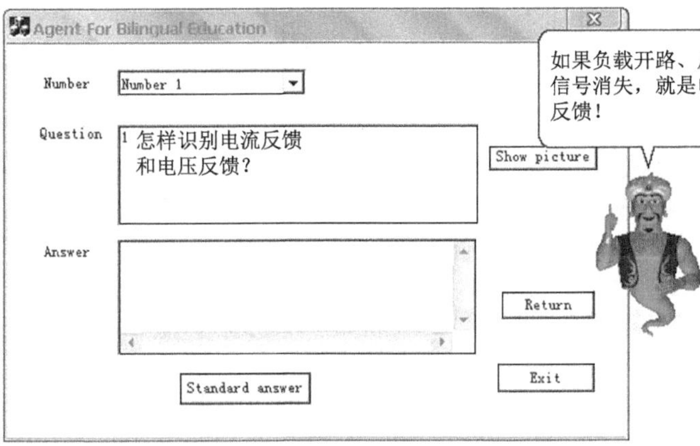

图 4-9　问答题界面的外部调用效果图

以上用 MFC 构建的基本教学软件界面中通过 VC 调用预定义的.msh 文件或其他文件，实现了双语学习软件中学习环境与 Agent 或其他有效信息之间的交互，构建了基本的交互性学习模式。

四、交互式虚拟实验室的设计与实现

在虚拟实验室中，学习者可以进行各种电子实验，进行记录、观察和测量。屏幕顶端的图标显示了可供使用的实验仪器。发生在实验室的实验呈现出稍大的结构不良性和复杂性。有些实验的实验过程是事先规定好的，学习者不能随意操作、修改；而有些实验则为学习者提供了多样的建构空间，学习者可以尝试新的操作步骤（贺景，2012；高仲慧等，2009；费思敦，2012）。

虚拟实验室中所设计的研究项目大多数是开放的，可以由学习者来决定研究什么和怎样研究。学习者解决的是设计问题，是一种最复杂的问题类型。设计研究需要在学习环境内外查找大量的信息，并作出决定以便确定合适的方法。

该系统建立了实验室和实验台两个场景，可以进行场景间的切换，实现了人物角色在场景中的漫游、对实验仪器的操作和实验过程的控制。实验室分为资料查阅区及实验观看区。实验观看区提供实验过程及实验注意细节视频，实验台可以进行数字电路和模拟电路实验。

1. 实验室和实验台模型的建立

实验室和实验台模型构成图见图 4-10。

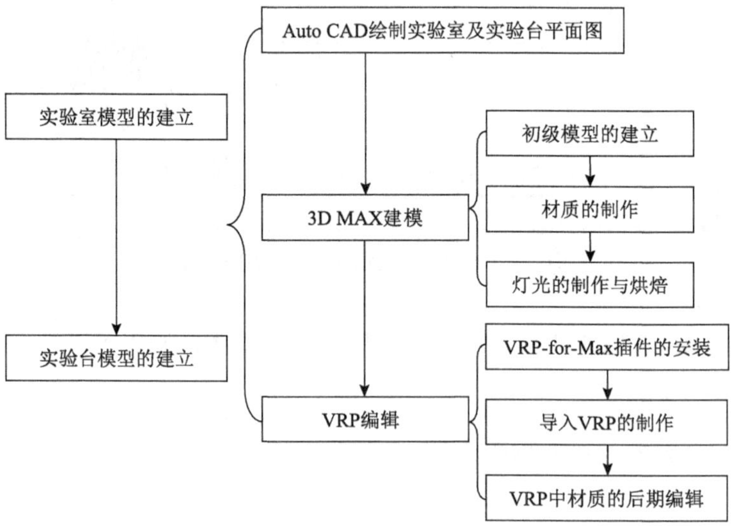

图 4-10　实验室和实验台模型构成图

实验室和实验台模型的建立是，先用 Auto CAD 软件绘制实验室及实验台平面图，再用 3D MAX 建模，其通过三步实现：①初级模型的建立。在 3D MAX 中执行导入命令，将制作好的 CAD 图导入，应用 3D MAX 在 CAD 图纸的基础上建立起具有三维效果的图形。②材质的制作。使用 3D MAX 中的标准材质给模型添加材质，通过贴图等手段渲染该 3D 模型。③灯光的制作与烘焙。

模型在 3D MAX 中建立好后，其某些细节的地方还需要到 VRP 中进行处理和调整。3D MAX 是 VRP 的建模工具，VRP 是 3D MAX 的展示平台，安装

VRP-for-Max 插件，可以将用户在 3D MAX 中制作的场景导入 VRP 编辑器。在 VRP 中对材质进行后期编辑，可以使模型更加真实美观。

实验台模型包括实验台及实验器材，如示波器、数字电路实验箱、芯片及导线等。该实验台主要在 3D MAX 界面中创建各种几何体，并结合倒角、挤出、放样等命令制作而成（高文等，2008）。

2. 实验室中动态效果与交互的实现

VRP 中的动态效果主要是利用相机与脚本实现。实验室建立了定点观察相机和行走相机两种，定点观察相机可以快速地定位到实验台上来，行走相机跟随添加的角色走动。在实验室中脚本主要用来控制相机的切换、音乐的播放、角色动作的控制和实验中交互性控制等（高文等，2008）。

实验室场景设计了一个骨骼动画的角色——学习者，并从角色的动作库中添加了相应的动作，可以使用键盘上的 AWSD 键和鼠标控制角色。点击虚拟教师角色就会播放对该实验室介绍的音频文件。系统中设计了三个相机图片按钮进行视角的快速切换：第一个按钮快速定位到资料查阅区；第二个按钮快速切换到实验简介区；第三个按钮则快速定位到学生角色，跟随学生移动。图 4-11 为实验室场景效果图。

图 4-11　实验室场景效果图

3. 实验台虚拟实验

设计的按钮实现了从实验室到实验台的场景切换。实验台实验过程的实现使用了系统函数的调用及函数的自定义，力图实现实验系统的交互性。在实验台场景中设计若干按钮，实现了实验过程中的芯片安装、导线的连接和实验的测试。电脑的开关和示波器波形显示也由按钮实现控制，并设计了一个按钮控制电脑上实验教学视频的播放（高文等，2008）。图 4-12 为应用 74SL00 芯片与非门测试的实验效果图。

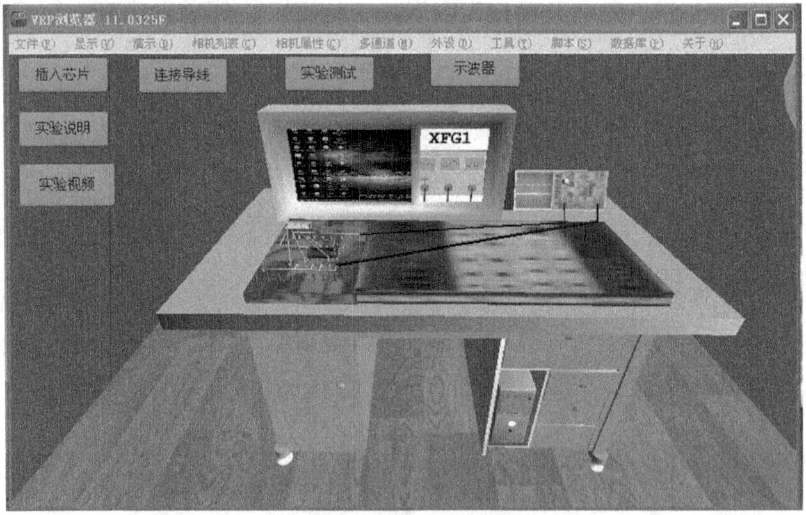

图 4-12　应用 74SL00 芯片与非门测试的实验效果图

五、虚拟实验室辅助功能和人际交流

虚拟实验系统除了能够进行虚拟实验操作外，还具有一系列辅助功能模块和管理模块的支持。实验系统按功能主要分为实验内容预习、实验操作、实验报告三个子模块。

1）实验内容预习：使用虚拟学习环境中的文本、视频及音频等多媒体形式呈现实验原理的内容及实验场景、仪器、器材和实验注意事项。

2）实验操作：学习者对实验初始状态的设定、实验过程的实现及实验结果。

3）实验报告：记录实验中测试的数据、观测的实际结果图形等信息，对实验结果进行相应的计算、判断和分析。教师可在本机或是通过网络调阅、批改学习者的实验报告，检查实验数据和结果图。

在虚拟实验室，虚拟教学信息的交流包括教师和学习者的交流，学习者和学习者的交流。

教师和学习者的交流：教师通过计算机给学习者布置课程实验的任务和要求，学习者根据要求完成电路设计和功能仿真，并将结果反馈给教师，教师对学习者的实验报告进行判断和修改后将结果反馈给学习者，使学习者能及时获得正确的反馈结果。

学习者和学习者的交流：学习者之间互相交流分析设计任务的不同实现方案、实验中出现的问题，通过交流互为启发，实现协作学习。

六、通信软件的设计和实现

为了增强虚拟学习环境与用户的交互性，促进学习者的自主学习及学习者之间的相互交流，该系统采用 Java 设计了通信软件。当学习者在虚拟学习环境中遇到问题时，可以通过该软件即时交流，及时解决问题。该软件设计的界面具有多项功能，如针对教师的课程科目编辑、问题编辑功能，针对学习者的问题查询功能等。系统中设有问题库模块，教师可以将学习者常问的问题及相应答案存放到题库中，以供学习者查询，对应设计有用来存放教师所编辑问题和答案的数据库及用来存放学习者通信记录的数据库。通信软件的功能有以下两个方面。

1）“在线交流”通信软件服务器端的主要功能：①在特定的端口上进行监

听，等待客户端的连接；②学习者可以配置服务器端的侦听端口；③向已经连接到服务器端的学习者发送系统消息；④统计在线人数；⑤停止服务时，断开所有学习者的连接；⑥查询学习者的通信记录。

2）客户端的主要功能：①连接已经开启通信服务的服务器端；②学习者设置要连接的服务器的 IP 地址与端口号；③学习者配置连接后显示的姓名；④学习者设置代表自己形象和选择代表教师形象的图片；⑤学习者根据自己的喜好设置通信软件的界面和显示字体的颜色；⑥学习者向所有人或者单个用户发送消息；⑦管理员或者教师添加课程的问题和答案，供学习者查询；⑧学习者遇到问题时模糊查询或具体查询相关问题的答案。

例如，在查询问题的文本框中输入要查询的问题的关键字“feedback”后，点击查询按钮，即可找到问题中含有关键字“feedback”的问题和问题号，其效果图见图 4-13。

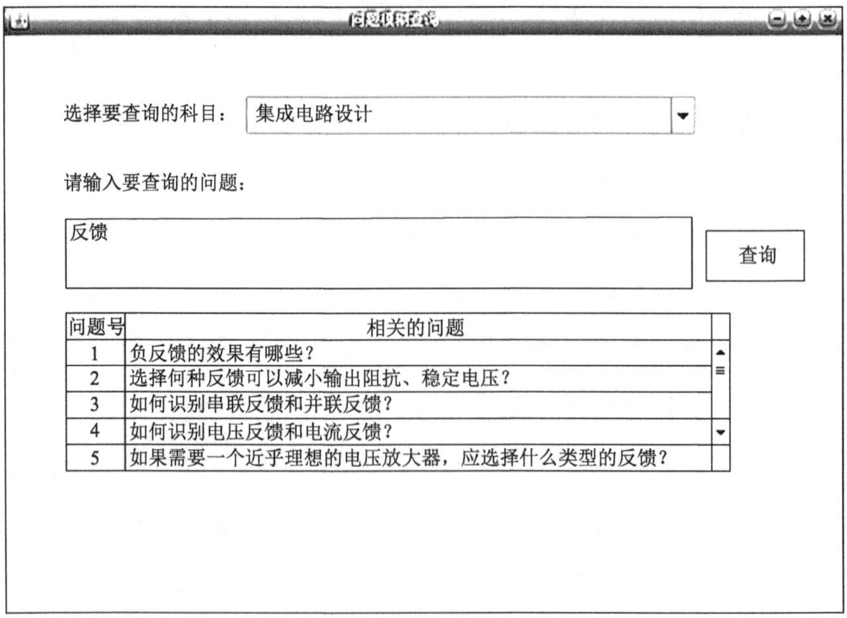

图 4-13 问题模糊查询运行效果图

服务器端应用程序运行效果图见图 4-14。

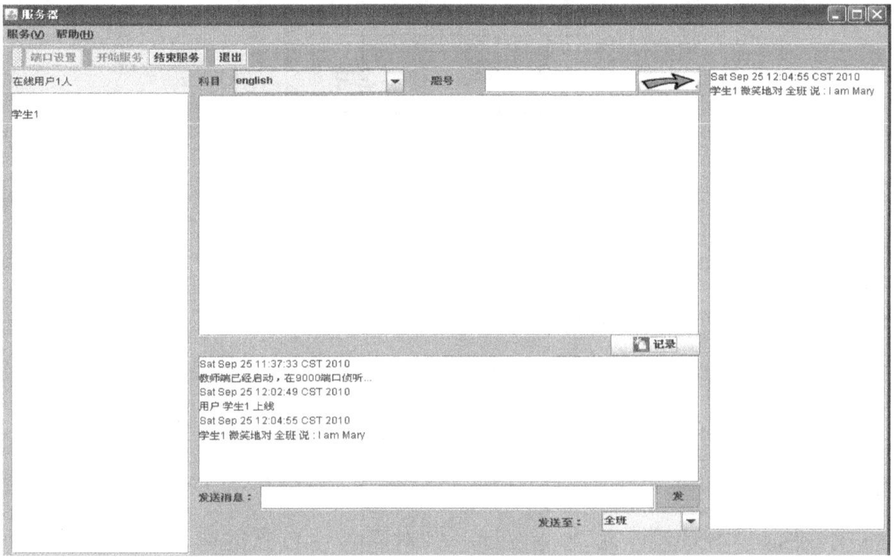

图 4-14　服务器端应用程序运行效果图

客户端应用程序运行效果图见图 4-15。

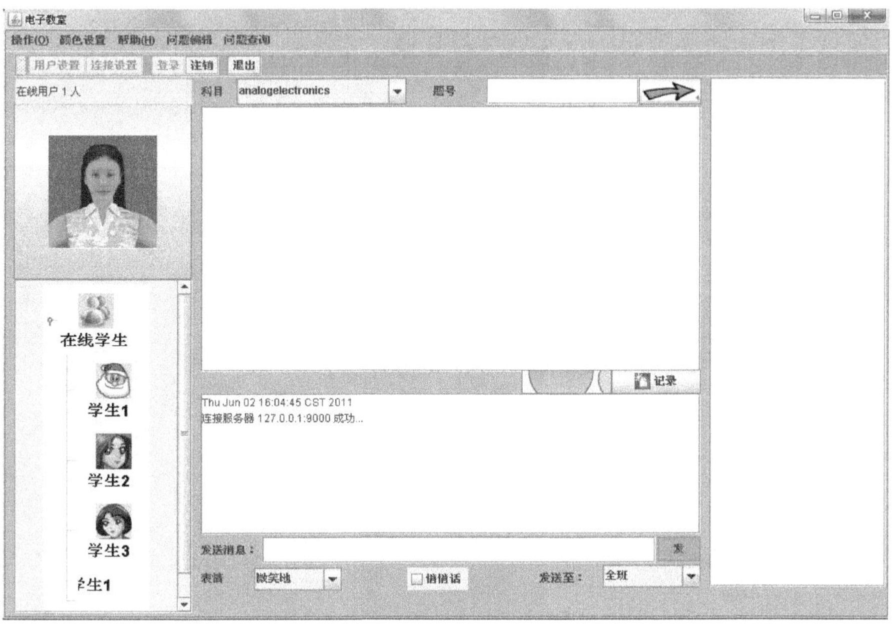

图 4-15　客户端应用程序运行效果图

本章小结

本章研究了实践课程的虚拟学习环境学习支持设计，该研究设计的出发点是促进学习者自我调节学习，提出多种策略集成的学习支持设计。学习支持设计具体方法及策略有：基于微型世界和模拟的情境学习设计、超媒体的利用、学习者的学习活动(探究、反思、清晰表达)、对学习者提供支持的教学活动(示范、指导、“脚手架”支撑)，使思维可视化，并对学习者提供社会支持等。本章给出了电子技术课程的虚拟学习环境学习支持实现案例，采用了合适的技术方法进行虚拟学习环境学习支持设计，针对实践性较强的电子技术课程研发了交互性虚拟实验环境、交互性虚拟课堂环境等学习空间，开发了即时交流、智能测试系统、问题查询等认知工具,设计了虚拟教师和虚拟学生以加强师生间、学习者间的交流与协作，提供支持学习者进行建构性学习的各种学习资源和工具，实现了多功能、多层次交互的学习环境。

第五章 电子技术课程的虚拟学习环境实证研究

第三章提出了面向实践课程的虚拟学习环境设计模型，第四章进行了面向实践课程的虚拟学习环境学习支持设计研究，面向实践课程的虚拟学习环境得以构建，按照设计研究的思路，本章将进行面向实践课程的虚拟学习环境的实证研究。

以实践性较强的电子技术课程为例进行面向实践课程的虚拟学习环境是一个以学习者为中心的系统，交互的目的是围绕学习者的个别化教学和情景化教学。此系统作为电子技术课程常规课堂教学基础上的必要补充，要求学习者课前或课后应用此虚拟学习环境，即以混合学习的方式，实现课前、课中、课后三位一体的数字化电子技术课程学习模式。电子课程的虚拟学习环境在校园中可以通过局域网访问，因此，在校园中学习者能单独访问计算机以便根据自己的学习进度在课前或课后使用该虚拟学习环境。目前，虚拟学习环境的建设成果已应用于中南民族大学两届本科生的教学实践中。根据电子技术课程各章节学习内容的特点、要求及学习者的认知水平，应将混合式学习模式应用于电子课程双语教学体系，将课堂教学与在线学习等不同学习环境混合，将不同的教学媒体混合，将课堂讲授与虚拟教室混合，将传统实验与虚拟实验混合（胡燕等，2011；Ozturk，2011）。

学习环境的设计是一个整体性的系统，对其评价是一个持续动态的过程。面向实践课程的虚拟学习环境的设计主要采用定性和定量的评价方法及比较分析的方法进行全面、客观的整体评价，才能在真实的实践情境之中，对此设计进行形成性评价和持续性完善。

第一节　基于混合式学习的电子技术课程教学设计

混合式学习设计的关键是活动的设计，在混合式学习中，各种要素的混合最终都表现为某种形式的教学活动。设计不同的活动来解决学习问题，可以达到课程的教学目标（孙江山，余兰，2011）。图 5-1 为基于混合式学习的电子技术课程教学设计框架图（Tuncalp，2011）。

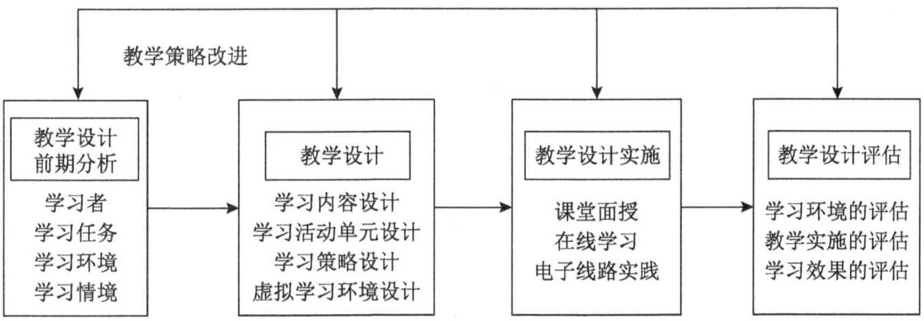

图 5-1　基于混合式学习的电子技术课程教学设计框架图

一、教学设计前期分析

首先对参与混合式学习的学习者的基本情况进行分析，包括其学科知识背景及先验知识、具有的认知态度和理解能力、学习习惯、操作技能、计算机基础等常规技能。双语教学要求学习者具备一定的双语课程学习能力，即学习者应具备较强的外语使用能力，还要具备一定的专业基础知识，具有使用外语学习较高层次专业知识的能力。本书在电子技术课程实施混合式学习前，对电子技术课程双语教学班的学生进行了问卷调查和专业考试，只有具有较好的学习基础和学习习惯的学生才能选修双语课程。调查结果表明：参加电子双语教学实验班的学生学习期待比较高，学习能力较强，在学习中遇到问题或困难时能够利用网络查找资料和协作学习，能自觉进行自主学习，有利于开展混合式学习（Alonso et al.，2011；Tuncalp，2011）。

学习任务、学习环境和学习即将发生于其中的情景结合起来进行分析，思考对于该学习任务怎样的学习模式和学习方法是最好的；可以将课程内容划分为若干学习单元，通过对知识逻辑关系的理解及自身的教学经验，将学习单元细化为知识点，确定课程的哪些知识点适合通过网络方式学习，哪些适合面授，哪些需要实践操作（汪航，孙琪，2010）。

以下为选课问卷。

选择题（可多选）

1）你选择这门电子技术双语课程的目的是什么？

A. 拿学分　　B. 提高英语　　C. 深化专业知识

2）你认为电子技术课程双语教学的难点在哪里？

A. 语言障碍　　B. 专业知识点难掌握　　C. 老师的讲解

3）你心目中理想的电子课程双语教师应该是什么样的？

A. 发音标准，口语流利　　B. 专业知识深厚

C. 讲解知识点透彻

4）电子课程双语课堂应该讲解什么内容？

A. 补充英语知识，注重语言点的学习

B. 注重专业知识点的学习，少讲解语言点知识

C. 兼顾专业知识和英语语言的学习

5）你希望的电子课程双语课程考试形式有哪些？

A. 开卷　　B. 闭卷（考试内容较简单）　　C. 多结合平时环节分

问答题

1）你认为大学四年中哪一学期开展实践性课程的双语课堂比较合适？

2）你认为哪些实践性课程可以开展双语教学？

3）你会在课外阅读老师指定的英文专业文献吗？

4）你认为合适的实践性课程双语课堂学习形式有哪些？

5）你认为有必要开发网络辅助电子课程双语教学平台吗？如果需要，你

认为该辅助教学平台应该具备哪些功能？你会自觉使用该辅助教学平台吗？

6）你浏览过国外大学的教学网站吗？如麻省理工学院有许多门开放式课程可供学习。这些网站哪些方面是吸引你的？哪些方面有欠缺？

二、教学设计

1. 学习内容设计

学习内容设计需要根据教学大纲要求，分析教学内容的基本结构，找出具有核心意义的基本概念、基本原理及基本方法，分析其他内容与这些核心内容的联系，在教学设计中突出这些联系，将相关知识点合理整合。

针对实践性课程双语教学的特点，分析电子技术课程教学内容和教学目标，设计者需要把适合网络学习的内容制作为网络学习资源。挖掘知识点、构造知识点，以知识点为单元设计全英文讲解的多媒体资料，可以由学习者自主选择反复观看；对容易出错的知识点，设计双语测试环节，有助于澄清学习者概念误区；设计与实际实验配套的虚拟实验，有助于学习者随时根据自己的需求进行实验验证或实验设计研究（Alonso et al.，2011）。

2. 学习活动单元设计

表 5-1 列出了模拟电子课程中第六章“放大电路中的反馈”的内容，细分了哪些内容可以通过网上学习、哪些适合课堂讲授、哪些实践环节适合虚拟实验，以及各自所占课时及划分的依据（Alonso et al.，2011）。

表 5-1　单元设计对照表

教材内容	学习单元	教学方式	课时	划分依据
反馈的基本概念及判断方法	第一单元	课堂讲授	2	课堂讲授：概念性的专业术语
负反馈放大电路的四种基本组态	第二单元	课堂讲授	2	课堂上教师讲解：负反馈放大电路分析要点，四种负反馈组态和反馈组态的判断；课后网络复习概念，并且练习反馈组态的判断
		网络学习	4	

续表

教材内容	学习单元	教学方式	课时	划分依据
负反馈放大电路的方块图及一般表达式	第三单元	网络学习	2	网上预习，课堂上教师简练精讲
		课堂讲授	2	
深度负反馈放大电路放大倍数的分析	第四单元	网络学习	2	网络学习和课堂讲授结合可以达到教学要求
		课堂讲授	2	
负反馈对放大电路性能的影响	第五单元	课堂讲授	4	性能影响需要实验实践来验证，虚拟实验有助于知识的体验和消化
		实践操作	2	
		网络学习	2	
		虚拟实验	4	

3. 学习策略设计

针对学习环境的不同，设计网络学习的学习策略、课堂教学的教学策略和实验实践的学习策略。

学习内容应该适当精练、浓缩，着重于课程中的精华和最根本的内容，目的是基本概念和原理、原理的运用和分析。根据每届学习者的接受能力，有针对性地组织或调整课堂。课堂情境设计包括中英文讲解比例的设计、教学用具的设计、思考及阅读课文时段的设计、提问与讨论的设计及问题解答的设计等（Alonso et al.，2011）。

网络学习的学习策略采用了基于问题的学习、合作学习和虚拟对话等策略。实践操作是课程的实验课部分，采用基于任务的混合式学习，将传统实验与虚拟实验混合（Djenic et al.，2011；王靖，陈卫东，2011；胡燕，侯建华，2013；Merchant et al.，2012）。

4. 虚拟学习环境设计

在电子技术课程虚拟学习环境设计中，紧紧围绕课程双语教学内容，根据课程的教学目标，设计了多种功能模块满足学习者的多重需求。其支持学习活动的学习环境功能有以下几种（Mitchell et al.，2010；Bhatti，Mcclellan，2011；

Chuang，2008；Koretsky，Amatore，2008；Aziz et al.，2010；Sanders，Bergasasuso，2010；Simoni，2011；Dutta et al.，2011）。

1）实现了接近自然方式的交互支持模块：利用网络技术、虚拟现实平台 VRP、Microsoft Agent、Java 及 MYSQL 数据库等技术，在实现虚拟学习系统的载体—虚拟教室建模的基础上，实现了相关教室场景交互控制，如教学视频及 PPT 的点播等，以增强学习的交互性。

2）实现了虚拟教师支持模式：采用 Microsoft Agent 动画精灵实现虚拟教师功能，通过学习环境与动画形象、音效、动作、表情等的结合，实现交互式学习。系统中的虚拟教师能归纳学习者对问题的兴趣取向、知识结构、提问方式等，提供个性化学习支持，起到部分替代教师功能的作用。

3）虚拟实验环境：开发了基于 VRP 的虚拟实验室，并且虚拟学习环境中集成软件 Multisim 构建了电子虚拟实验室，为学习者创建了虚拟的实验情景，利用虚拟实验设备和元器件进行电子实验，有利于学习者动手实践、研究问题。

4）专业知识测试模块：对学习者所学知识进行检验，获得有利于反思型教学的反馈信息；"双语测试系统"可以让学习者在学习后进行自我检测，通信软件中的"问题搜寻系统"可以让学习者搜寻到其所提出问题的答案。

5）分布协作学习交流平台：提供有利于交流合作的多用户共享虚拟交互环境，系统支持多人在线，学习者之间可以进行文字、语音交流，可以对其中的替身进行控制（Alonso et al.，2011）。

三、教学设计实施

电子技术双语课程从 2012 年 9 月开始到 2014 年 1 月结束，进行了两轮混合学习教学实验的实施。学生按照规定参与课堂教学、课堂疑难问题解决、学习讨论等。在课前或课后，学生根据自身课堂学习状况和知识掌握情况自主进行网络学习。网络学习活动包括：①使用虚拟学习环境，在规定时间内完成某部分内容的学习和虚拟实验；②围绕电子设计实践问题完成电子实践作业；③利用网络学习平台与同学、教师讨论及解惑；④使用智能测试系统以检验学习效果（Alonso et al.，2011）。

四、教学设计评估

评估包括对学习环境的评估、教学实施的评估和学习效果的评估等（Thomas et al.，2011）。

1）学习环境的评估。设计了若干观测点对多媒体资源库、课堂教学 PPT 讲义、实验演示、虚拟实验、在线测试、在线交流等学习模块进行调查。

2）教学实施的评估。主要采用了学习过程的评估、课堂测试和在线测试相结合的课程知识考核及教学活动组织的评估。其中，过程性评估贯穿整个电子课程双语教学活动，监控、记录、分析学习者自主学习过程中学习者的学习行为及轨迹。因为学习者的技能获得是不断发展的渐进过程，所以必须重视采用过程性评价和给学习者提供持续的反馈，来支撑和追踪学习者的理解（Alonso et al.，2011）。

3）学习效果的评估。情境理论特别强调学习者应参与评价，认为学习者不只是一个被评价者，而且应该参与到对自己、对他人、对团体的有意义的评价过程中来，学习评价应采用自评、学习者互评和教师评价相结合的方式，这种交互式评价可以促进个体和小组的学习，帮助学习者测量自己的成绩。面向实践课程的虚拟学习环境中的交互式评价，可以使学习者每隔几分钟就能获得一次反馈，让学习者及小组时常明白自己所处的学习状态，明确自己的目标，并能根据反馈及时调整学习策略，以寻找最佳学习路径（Alonso et al.，2011）。

本节采用问卷调查、试卷分析和电子线路实践实验技能对比等方法对学习系统的效果做了定性和定量的分析研究，研究了学期中、学期末学生群体对虚拟学习系统的使用情况和成效，并且用评价研究来促进设计研究（Alonso et al.，2011）。

第二节　电子技术课程虚拟实验的应用

要实现电子技术课程实验教学目标，单靠传统实验教学是不够的。本节将以计算机技术为基础的虚拟实验与真实实验结合，并将其应用到教学中，有助于发挥学习者的学习主动性、提高实践教学效果（Nistal et al.，2011）。

一、电子技术课程实验的特点

电子技术课程实验的特点之一是“不确定性”，这些不确定性来源于诸如实验中的干扰或噪声、器件参数的离散性、元器件的误差、实验室的测量仪器由于长期没有计量而导致的不准确性等。在工程上，不仅会存在这种不确定性，还需要解决这种不确定性，实验则是缩短这种距离的一个基础性的教学环节。标称值与实际值的误差、器件老化、元件参数误差及系统中各种实际干扰信号的影响等在虚拟技术中很难反映出来。另外，很多知识必须通过实际操作来培养，比如线路板的焊接实验等，所以在实际教学中必须使用虚拟实验和真实实验相结合的方式来进行相互补充，以更好地达到电子技术课程的实验教学目的。

二、虚拟实验和真实实验有效整合

虚拟实验和真实实验各有利弊。虚拟实验可以帮助学习者克服从理论到真实实验直接跨度带来的不适应，给学习者提供一种全新的学习方式，为学习者创造更多动手、动脑的机会。但是，虚拟技术由软件确定，与物理硬件系统有差异，因此存在一定的局限性。在实验内容的设置上，可以采用虚实相生的思路：从真实到虚拟，指点学习者把所掌握的原理等知识应用到虚拟实验中；从虚拟到真实，借助虚拟实验的训练来提高学习者对概念、原理的理解，指导学习者将虚拟实验中所学到的知识应用到实际操作中。实验项目实验目的包括：以熟悉实验仪器使用为主、以观察实验现象为主、以验证结论为主、以测量分析为主、以理解概念和实验原理为主、以设计系统为主等。在电子课程实验教学的设计中，将新技术与传统教学方式混合，实现了优势互补。在实施混合式学习理论教学设计时，要根据学习者不同的学习阶段，不同的实验内容、实验类型、实验目的，综合实验场地和实验课时的实际情况等合理选择实验方式，实现“效果的优化”，使虚拟实验与真实实验在教学应用中相互辅助与配合，优势互补（Wang et al.，2011b）。

三、使用仿真工具 Multisim 的虚拟实验

本书虚拟学习环境所设计的虚拟实验有两种：一种是以 VRP 为平台开发的虚拟实验，主要用于良构的实验项目；另一种是美国国家仪器有限公司推出的仿真工具 Multisim，该工具对于探索性、研究型实验项目的实施特别方便，适用于非良构的实验项目。

Multisim 是用于原理图设计、电路功能测试的仿真软件。其用软件的方法是虚拟元器件和虚拟仪器，其操作界面如同一个电子实验工作台，有菜单栏、工具栏、电路工作窗口及状态栏。元件库包括无源器件、有源器件及用户自定义器件。仪器库包括实验室常用仪器，例如万用表、双踪示波器、直流电源、函数信号发生器等。操作鼠标可以从元器件和仪器库中提取实验所需的各种元器件及仪器、仪表到电路工作窗口并连接成实验电路。单击电路工作窗口上方的“启动/停止”或“暂停/恢复”可以控制实验的进程。

Multisim 软件中每个电路创建者的姓名是与电路存储在一起的。教师可以利用这个特性来确认上交的电路是哪个学习者创建的。这样软件就能监控学习者的行为，教师就能跟踪学习者的进步了。

在远程教学项目中，Multisim 的虚拟实验室环境使它成为理论部分之外的理想实验工具。美国路易斯安那西北州立大学（Northwestern State University of Louisiana）等做了比较使用仿真实验室教学和传统的硬件实验室教学有效性的研究。结果表明，两者之间学习者取得的成绩没有明显差异。在电子技术实验

中可以先让学习者预测电路行为，学习者通过运行仿真，可以立即观察结果，将仿真结果与理论计算结果进行比较，思考两者出现差异的原因。元器件的数值发生变化、电源增加或降低，直至整个电路发生变化，只要运行仿真，就可以立即显示结果。学习者通过这个交互式过程，可以培养将基本概念进行“综合”考虑的思维方式。

学习者通过 Multisim 学习电子仪器的使用能够直接过渡到工作台仪器使用，具备一定素质之后，能够在教师的指导下使用“真实的仪器”。Multisim 可以同时使用多个仪器，学习者有机会观察当改变原理图中任何元器件时产生的影响。这种能够立即提供结果的特性，解决了电子课程教学中“如果……会怎么样”的问题，这种回答“如果……会怎么样”问题的增强特性对巩固基本电路性能的理解十分有效（Tsai，2009）。

四、模拟电子技术实验项目实施分析

模拟电子技术有“单级共射放大电路”“差动放大器”“负反馈放大电路”“集成运算放大器的线性应用”“功率放大器”等验证型实验，“RC 正弦波发生器及波形变换”综合型实验，“集成稳压源”“滤波器”等设计型实验。表 5 2 为模拟电子技术实验项目实施分析，基于各个实验项目的实验目的选择效果最优的实验形式和实验时间的过程。

表 5-2　模拟电子技术实验项目实施分析

实验项目	实验目的	实验类型	实验形式及实验时间	效果分析
单级共射放大电路	掌握基本的仪器连接方式和电路指标的测量方法，掌握基本的电路检查和故障判断方法；了解元器件型号和参数，掌握元器件清单列举方法；加深对放大器参数和性能的理解	验证型	虚拟实验（课前） 真实实验（课中） 虚拟实验（课后）	课前虚拟实验熟悉仪器使用，课后虚拟实验有助于解决真实实验中出现的问题
差动放大器	学会平衡、非平衡输入和输出测量方法；加深理解差分放大器的核心指标——共模抑制比和射极电阻对差分放大器性能的影响	验证型	真实实验（课中） 虚拟实验（课后）	有限的课堂时间内难以完成电路的搭建与检测，需课后虚拟实验进一步练习

续表

实验项目	实验目的	实验类型	实验形式及实验时间	效果分析
负反馈放大电路	学会划分负反馈放大器中反馈环节和放大环节；加深理解负反馈对放大器性能影响；体会反馈深度对放大器性能影响程度	验证型	真实实验（课中） 虚拟实验（课后）	课后虚拟实验进一步加深理解反馈的概念
集成运算放大器的线性应用	学习运放的初步使用方法；加深理解各种信号运算电路的原理	验证型	虚拟实验（课前） 真实实验（课中）	课前虚拟实验熟悉电路连接和工作原理
功率放大器	加深理解功率放大器的基本工作原理；学会输出功率和效率的测量方法；了解集成功率放大器的基本技术参数	验证型	真实实验（课中）	采用集成功率放大器，电路简单。课堂时间足够通过动手测试加深理解其工作原理
RC 正弦波发生器及波形变换	加深对正弦波振荡器和滞回比较器原理的理解；扩展实际应用方面的知识	综合型	真实实验（课中） 虚拟实验（课后）	实验需测试电路参数，合理选择元器件和供电电源，对实验电路性能评估。课堂时间对许多学生不够用
集成稳压源	采用 LM7805 设计制作线性稳压电源，要求输出电压为 4.99V，最大输出电流为 1A，电网电压适应范围为 220V±10%，效率尽可能高	设计型	真实实验（课中）	采用集成稳压芯片，电路简单。问题集中在电路安装与测试，学生可在实际实验中解决
滤波器	设计通带在 300～3000Hz 的语音滤波器	设计型	虚拟实验（课中）	实验涉及电路设计、芯片更换和电路测试。采用虚拟实验可以省时，将时间集中在电路设计和测试效果分析上

五、虚拟实验的应用案例

一些实验如验证型实验，其实验过程是事先规定好的，学习者不能随意操作并作出修改。另一些实验如设计型实验则为学习者提供了多样的建构空间，学习者可以尝试新的操作步骤。虚拟实验可以使验证型实验变为研究型实验，可以使设计型实验更加开放，由学习者自主决定研究什么和怎样研究。

1. 验证型实验：单级共射放大电路

“单级共射放大电路”是模拟电子技术课程的第一个实验项目。大多数学习者在做该实验时非常仓促，仪器使用得不熟练、电路连接的检测及错误排查的耗时长、元器件的不熟悉、测量结果的盲目等都会导致实验效果不好，达不到实验目的。如果学习者在实验课前用虚拟实验预习，则可以学会合理选择元件，了解元件的性能及使用方法，了解仪器的使用和测量方法。Multisim 所提供的虚拟仪器，如安捷伦万用表、函数发生器和示波器等，其控制面板和操作方式都与实物相似，测量数据、波形等就像在真实仪器上看到的一样，学习者在 Multisim 中使用这些仪器可以立即将这些知识应用于实际的工作台（Wang et al.，2011b）。如果课后使用虚拟实验，则可以将实际实验中遇到的问题继续进行探讨和解决。尝试不同的选择方案，有利于反思性实践，学生可以将更多的时间用于实验现象及实验结果的分析和思考。学生通过交互式过程，可以培养将基本概念进行“综合”考虑的思维方式（Wang et al.，2011b）。单级共射放大电路实验图见图 5-2。

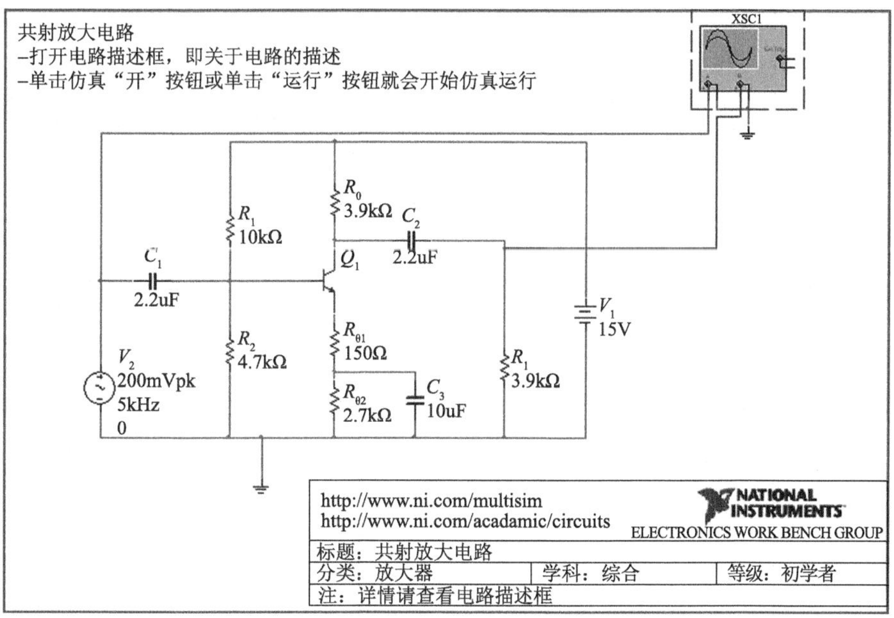

图 5-2　单级共射放大电路实验图

虚拟实验可以验证和研究以下问题（Wang et al.，2011b）：①示波器、函数信号发生器的使用，实验电路和示波器、函数信号发生器等实验仪器的连接方式；

②放大器在放大交流信号时，其中管子的集电极电流的波形应该是怎样的？③将输入信号的幅度不断加大，则输出波形会发生怎样的改变？④将电路中连接的发射极电容去掉，对放大电路输出波形有影响吗？⑤改变 R_1，静态工作点、放大倍数、输出波形会有怎样的变化？⑥改变电源电压，输出波形会有怎样的变化？

单级共射放大电路在传统实验教学中是验证型实验，在虚拟实验中可以变为研究型实验，学习者可以通过虚拟实验自主改变元器件参数及改动电路结构等来观察三极管的工作状态，学习者在整个虚拟实验教学中思维始终保持探索研究的状态，这种教学模式改变了传统实验教学中学习者思维的被动承受状态，变被动为主动，符合学习者的认知特点，能使学习者更加积极主动地掌握学习内容。

2. 设计型实验：滤波器

滤波器属于设计型实验，在实验中要求学习者根据给定题目独立完成电路的设计、元器件的选择、电路的搭建与调试等。滤波器有低通、高通、带通、带阻等。其中带通滤波器电路可以通过将低通滤波器和高通滤波器串联而实现，但是这种方法仅适用上限截止频率是下限截止频率数倍的宽带通滤波器，如果带宽相对中心频率很小，则要用其他设计方法，如采用 Delyiannis-Friend Bandpass Circuits 电路实现。当学习者拿到带通滤波器的设计题目时，其首先就要分析是宽带通还是窄带通滤波器，然后再选择电路形式，计算并选择元器件参数，实施电路搭建，选择并连接测试仪器，通过实验数据及波形再来微调元器件参数直至达到性能指标。学习者在实验室做“滤波器”设计真实实验时，往往时间不够用，教学场地也不可能随时开放，即使只设计及实现一个简单的低通滤波器都要花费一个实验课时。元器件损坏或更改数值需要更换并且重新检测电路，因此，在有限的课时、有限的实验场地完成滤波器的设计及调试有些困难。虚拟实验则提供了很多方便，可以轻松省时地更改电路设计、更换元器件及更改器件参数，并且即时看到实验效果，学习者可以将精力集中在实验电路设计和实验结果的分析、思考上，这有益于培养其电子电路的整体设计和应用能力（Nistal et al.，2011）。

如设计带通在 300～3000Hz 的语音滤波器。

实验分析如下。

1）此滤波器是宽带通滤波器吗？

2）函数信号发生器频率设置为 1000Hz，示波器的时基设置为 0.2ms/DIV。从 1000Hz 到 4000Hz 逐渐提高输入信号频率，观察最大输出电压。频率变化如何影响输出电压？输出电压是否衰减？滤波器增益在输入信号频率为 3000Hz 时是多少，是否接近 0.7？如果接近 0.7，对应的频率称为什么（提示：上限截止频率）？

3）输入频率从 1000Hz 逐步降低到 250Hz，相应调节示波器时基，观察频率变化如何影响输出电压？调节输入信号频率直到滤波器的增益约为 0.7，对应的频率称为什么（提示：下限截止频率）？

4）1000Hz 频率称为什么（提示：谐振频率）？在此频率有什么特征（提示：滤波器的增益在谐振频率为最大值）？此宽通带滤波器品质因素 Q 为 0.5 吗？

图 5-3 和图 5-4 分别为由低通滤波器和高通滤波器串联而实现的宽带通滤波电路和其波特图幅频特性。

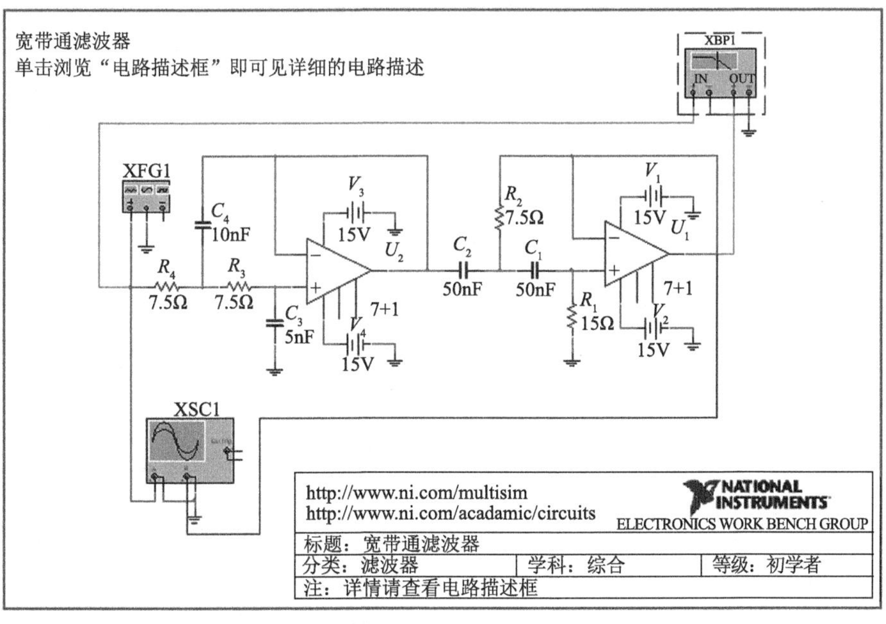

图 5-3　由低通滤波器和高通滤波器串联而实现的宽带通滤波电路

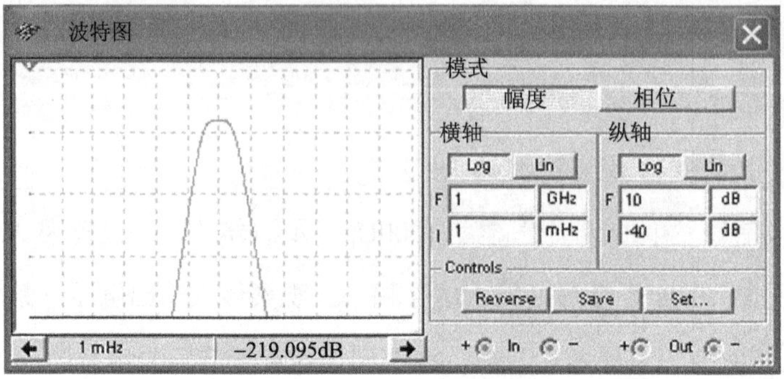

图 5-4 宽带通滤波电路波特图幅频特性

第三节 评价设计与分析

评价以学习者为中心的虚拟学习环境软件设计主要关注两点：①学习者如何使用软件参与不同的活动；②学习者利用软件进行学习产生了怎样的学习效果，即学习者的知识技能在整个活动过程中发生了什么变化。可以采用前测和后测的方法检测学习者在使用软件前后的知识掌握程度，从而评价软件本身的效果。学习者使用软件之前，先进行目标领域知识的前测，以检测他们当前的领域知识；学习者使用软件之后，进行后测以检测领域知识的掌握情况，也可以在使用软件的不同阶段进行检测。关键是要确定哪些是学习者在使用软件时所产生的学习收获。

评价的同时需要观察学习者的行为、观察学习者是如何与软件各部分进行交互的。为了确保所取得的数据结果的科学性，需设计不同的标准去判断“脚手架”特征的可用性，判断学习者在“脚手架”支持下进行活动的完成程度，评价学习者在完成有“脚手架”特征支持的任务的有效性和准确性，以及评价学习者使用“脚手架”特征完成任务时的反思情况。这些有助于看清学习者如何运用“脚手架”特征，这些特征是否提供了必要的帮助信息，从而达到帮助学习者选择采用合适方式进行学习的目的（Chen et al.，2008；张学军，王阿习，2011；胡燕等，2013；江有永，2011；Mendez，Gonzalez，2011；Fernandez et al.，2011）。

一、应用调查研究分析流程和研究过程

系统设计是整个虚拟学习环境发展、应用过程中的最基础的工作，系统开发与实现后要投入教学应用实践，实践效果如何需要进行调查和评价。在虚拟学习环境投入应用的学期中间，笔者对系统的使用情况做了相关调查；在学期中学习反馈的基础上对具体学习内容和方式有所调整，对虚拟学习环境设计做了相关改动；学期末通过问卷调查和学生期末考试分数对比分析，对虚拟学习环境的使用情况再次评估，对虚拟学习环境的设计再次规划、调整，逐步将评价与设计相结合，用评价促进设计，形成设计、评价、再设计的良性循环。应用调查研究分析流程见图 5-5（Alonso et al.，2011）。

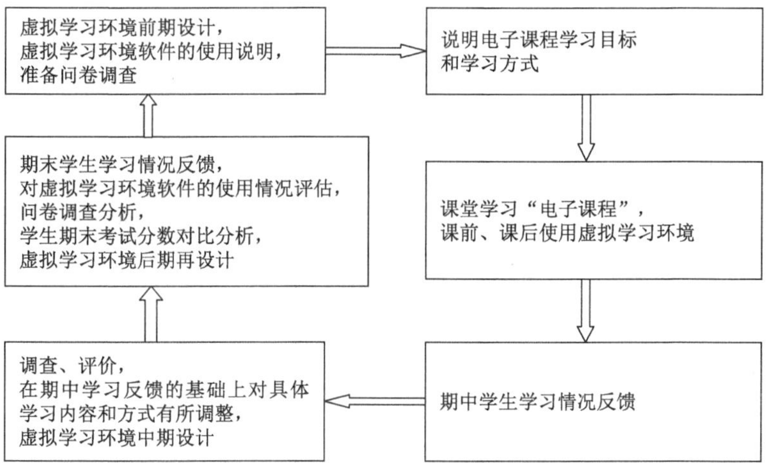

图 5-5　应用调查研究分析流程

该虚拟学习环境应用研究的对象是学习“电子技术”课程的两届学生。首先，采用问卷调查法对系统的应用过程进行定性的分析，将期末考试分数中各项知识点的得分及总分进行定量分析。其次，将这两届学生随机分为实验班和参照班，经过两个学年的教学实践，结合量的研究和质的研究，分析总结应用研究的结果。

应用调查研究过程如下：①随机分班。一个班完全是传统的课堂及实验教

学，为参照班（控制组）；另一个班将虚拟学习环境与课堂教学相结合，为实验组。②实验实施。对两个班采用相同教材、相同的教学内容，在课程结束后采用相同试题进行考试，以保证在实验条件一致的前提下开展实验。为了保证实验数据的真实性，督促实验班的学生使用该虚拟学习环境，还需规定学生使用该系统进行网上学习的内容和次数（Alonso et al.，2011）。③对使用该系统的实验班进行问卷调查，对实验班和参照班的卷面考试成绩进行检验分析，对学生的电子线路实践能力做对比分析。

此实验的研究目标是，通过比较使用了虚拟学习环境的实验班的学习结果和未使用虚拟学习环境的参照班的学习结果，测定所设计的学习环境对学习过程的全面质量有何影响。

二、学生问卷调查的实施与分析

为了收集设计研究中所需要的大量不同类型的数据，该研究小组分发课程评估问卷以便更好地了解系统设计对学生学习是否达到促进的作用。本次采访涉及两届共 83 名学生，采访内容为让他们评价一系列的活动，每一陈述有“非常同意”“同意”“既不同意也不反对”“不同意”“强烈反对”五种回答，分别记为 5、4、3、2、1（表 5-3，表 5-4）。

表 5-3　2012—2013 学年学生问卷分析（实验班学生人数 N=38）

题号	均值（等级值 1～5）	题号	均值（等级值 1～5）
1	3.20	9	3.32
2	3.17	10	3.21
3	3.21	11	3.34
4	3.28	12	3.22
5	3.19	13	3.31
6	3.20	14	3.20
7	3.21	15	3.13
8	3.18	16	3.11

注：全部选项的均值都大于 3

表 5-4　2013—2014 学年学生问卷分析（实验班学生人数 N=45）

题号	均值（等级值 1～5）	题号	均值（等级值 1～5）
1	3.26	9	3.37
2	3.27	10	3.30
3	3.29	11	3.37
4	3.38	12	3.24
5	3.29	13	3.35
6	3.26	14	3.22
7	3.27	15	3.23
8	3.28	16	3.19

注：全部选项的均值都大于 3

课程评估问卷：

问题：

1）课堂讲授辅以网络教学的形式有助于掌握课程内容。

2）课堂讲授辅以网络教学的形式能增加我的学习效率。

3）网络虚拟学习环境中知识点的视频能帮助我理解课程概念和原理。

4）虚拟学习环境中全英文的视频、音频讲解有助于营造全英文学习环境，有助于自身学习节奏的掌握。

5）对虚拟学习环境中虚拟教师的辅导支持很满意，该系统能及时地解答我提出的问题，收到的疑难解答反馈是有建设性和有帮助的。

6）虚拟学习环境中的双语测试能帮助我检验知识点的掌握情况，促进我更好地掌握课程内容。

7）虚拟学习环境中的交互内容对学习是有效的，交互设计及各种支撑工具为我提供了更多与教师、同学交流的机会，参考资料可立即分享。

8）我喜欢即时交流中的群交流，在即时交流模块中，我有机会和同学随时讨论问题，通过加入小组学习可以共同完成老师布置的任务，小组成员之间的交流有助于解决学习问题；有机会和教师交流、解答疑难问题。

9）在虚拟学习环境即时交流中课堂氛围很好，这种类型的学习活动增强了我同其他同学的联系，由于我的同学能看见我的工作，因此激发我更加努力以求做得更好。

10）虚拟实验练习可以学习基本的电路设计及技巧，虚拟实验有助于我将理论付诸实践，由于这种学习活动帮助我理解概念更加透彻，虚拟实验中的设计任务的完成及对所搭建电路的测试等环节，有助于培养我们分析问题的能力，有助于我们发展技能。

11）虚拟学习环境软件界面友好，便于操作，运行稳定，我对系统有良好的适应性。

12）通过虚拟学习环境的使用，我知道了在学习过程中如何发现问题和使用信息工具解决问题。

13）我可以根据自己的学习情况补充课堂学习的不足，在虚拟学习环境中学生有责任心主动学习，在虚拟学习环境中学生有更强的学习自主性。

14）我适应虚拟学习环境与传统课堂教学相结合的教学形式，该系统能提供课堂外最有效的师生交流方式。

15）混合式学习方式增强了对课程内容的兴趣。

16）通过这种混合学习方式，我达到了这门课程的学习目标，这种混合学习模式可应用到其他课程。

对收回的83份有效问卷的统计分析发现，学生对16项问题的评价等级均值都大于3（等级值1～5），结合学生考试试卷的分析及电子线路实践实验成效的分析，可以看出以下几个特点。

1）在学习内容方面，虚拟学习系统设计了必要的学习者参与活动，有具体的练习与反馈环节的设计。网络学习内容分析到位，知识体量大小合适，教学序列设计合理，包含必要的例子。学习者可以使用的资源易用且可理解。电子课程网络学习资源对学习者学习的支持作用是肯定的（Alonso et al.，2011）。

2）在教学实施方面，对于混合学习整个过程的组织学习者满意度尚可。教学前有效激励学习者并告知学习者学习目的，有必要的入门技能测试、前测和后测，且测试题目和量表的设计与教学目标相吻合。学习者能够运用中英文紧紧围绕知识点展开学习。虚拟学习环境在一定程度上可以满足学习者个体的学习需求，在学习过程中学习者愿意使用该系统通过个别化学习或小组协作获得问题的答案（Alonso et al.，2011）。

3）在学习效果方面，学习者对课程内容的掌握、能力发展方面有收获，授课教师也从中获益匪浅。将课堂与虚拟现实系统结合的混合学习方法比传统课堂教育学习效果更好，学到的知识和掌握的技能比在传统课堂教学中学到的多。混合学习方式能使学习者充分发挥自主性，激发学习者的学习潜能，相对于传统的课堂教学，此方法能使学习者在学习上投入更多的时间，学习者可以根据自己的学习情况补充课堂学习的不足（Alonso et al.，2011）。

4）对学习者学习动机过程中的变化产生影响，虚拟学习环境的使用促进了学习者的学习动机和兴趣，在学习过程中学习者的表现是积极的。此系统可以提高学习者学习动机的原因是：真实的问题情境使学习更有趣、更有可感知性或者与实际联系更密切,并且虚拟教师问题中的反馈信息以视频的方式呈现，更具吸引力；提供的安全网络减少了面对面遇到挫折的可能性，并且可以对错误提供必要的帮助（Alonso et al.，2011）。

通过对中南民族大学两届学生的调研结果分析发现，大多数学生对电子课程的虚拟双语学习环境持肯定的态度，该学习环境提供了足够的信息、资源、指导和支撑，混合式学习的双语教学模式总体上契合学生的需求。然而虚拟学习系统设计的各知识点的解析并不能完全满足所有学生的学习需求，系统设计的各章内容的学习方式也不能完全适合每个学生的认知特点，虚拟学习系统的功能设计受目前所掌握的开发技术的限制，系统的交互水平影响和制约着电子技术课程双语教学质量。对学生的学习和参与程度的调查发现，大部分学生只是被新颖的虚拟学习环境所吸引，离理想使用效果有一定差距，学生的学习态度有改善的空间、学习内容等还有扩充的空间（Alonso et al.，2011）。

三、卷面考试成绩检验分析

1. 2012—2013 学年学生实验组和控制组的考试成绩对比分析

自变量为学习条件，包括虚拟学习环境（实验组）和传统学习环境（控制组）两种条件，也即本次研究操控的变量或原因变量，因变量是不同条件下学生的期末学习成绩，也即结果变量。

采用统计软件 SPSS17.0 对 2012—2013 学年实验组和控制组学生的考试成绩平均数差异显著性进行独立样本 t 检验，结果发现两组学生的学习成绩差异显著，t（74）=3.52，p<0.001，虚拟学习环境条件下学生的学习成绩显著高于没有采用虚拟学习环境条件下学生的学习成绩，结果见表 5-5。

表 5-5　2012—2013 学年实验组和控制组学习成绩比较（N=38）

变量	M	SD	t	df	p
实验组	79.21	6.88	3.52	74	0.001
控制组	71.08	12.45			

注：p<0.05表示不同组别被试间差异显著，p<0.01表示十分显著，p<0.001表示特别显著，全书同

2. 2013—2014 学年学生实验组和控制组的考试成绩对比分析

自变量为学习条件，包括虚拟学习环境和传统学习环境两种条件，因变量是不同条件下学生的期末学习成绩。

采用统计软件 SPSS17.0 对 2013—2014 学年实验组和控制组学生的考试成绩平均数差异显著性进行独立样本 t 检验，结果发现两组学生的学习成绩差异显著，t（88）=5.12，p =0.03<0.05，虚拟学习环境条件下学生的学习成绩显著高于没有采用虚拟学习环境条件下学生的学习成绩（表 5-6）。

表 5-6　2013—2014 学年实验组和控制组独立样本 t 检验（N=45）

变量	M	SD	t	df	p
实验组	86.80	7.23	5.12	88	0.03
控制组	77.76	9.40			

四、实验组和控制组实验技能对比

传统评价过于强调对概念、事实和程序的测试，对学生解决问题的实作能力没有给予足够的关注，这是导致学生“高分低能”现象的一个重要原因。对虚拟学习环境这种学习形式的评价应该结合真实的问题解决过程如电子线路实验进行，通过学生的实作来评价学生的探究能力及参与实践活动的能力的提高程度，评价他们的思维和问题解决技能的提高程度。

图 5-6 为 2012—2013 学年实验组和控制组学生模拟电子技术实验完成情况对比图。图 5-7 为 2013—2014 学年实验组和控制组学生模拟电子技术实验完成情况对比图。

从图 5-6 和 图 5-7 可以看出，在理论知识的清晰度方面，实验组学生强于控制组学生；在完成电路设计的时间方面，实验组学生短于控制组学生；在搭建电路的质量方面，实验组学生高于控制组学生；在调试电路时间方面，实验组学生短于控制组学生。

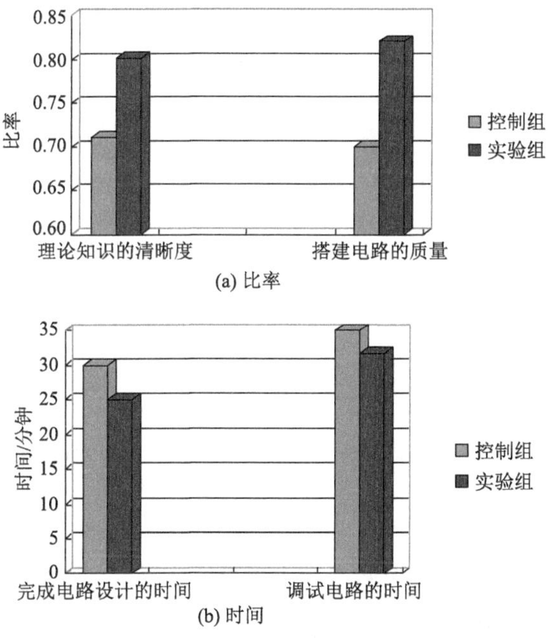

图 5-6　2012—2013 学年实验组和控制组学生模拟电子技术实验完成情况对比

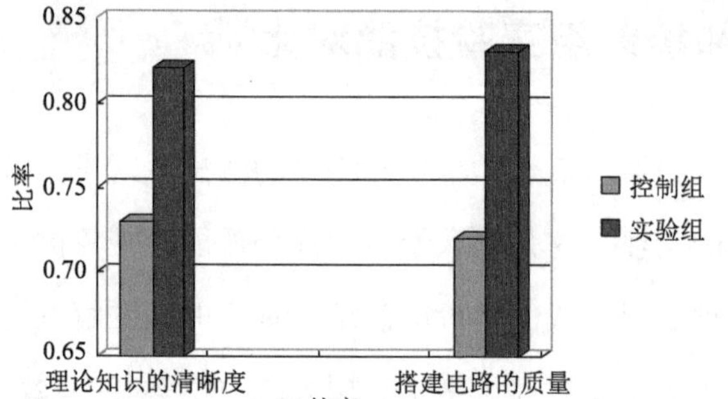

(a) 比率

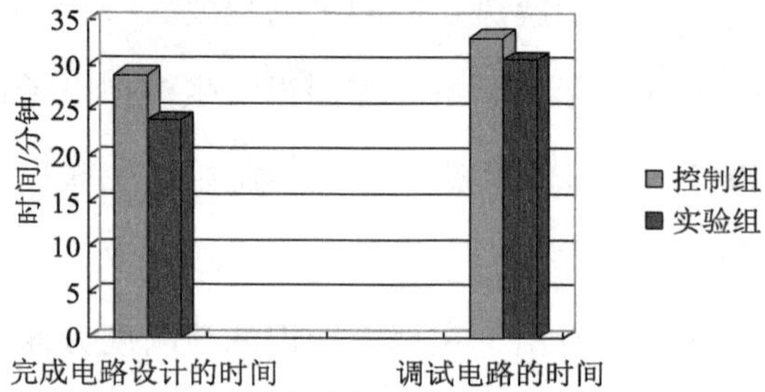

(b) 时间

图 5-7　2013—2014 学年实验组和控制组学生模拟电子技术实验完成情况对比

五、设计研究的迭代

2013—2014 学年学生对电子课程双语教学混合式学习模式的正面评价程度比 2012—2013 学年学生高，是因为后面一轮试用时，混合式学习的设计、虚拟学习环境的学习内容、使用方式等在结合前一轮教学评估的基础上做了相应改进，并且虚拟学习环境软件功能也得到了进一步完善，进行了更为全面的设计研究（Alonso et al.，2011）。

1. 虚拟学习软件实现方案的改进

第一轮虚拟学习环境实现方案采用了 VRML，将 VRML 和 Java 结合以实现交互功能，但由于虚拟人物动作交互性单一，虚拟化身的拟人化程度难以提高，并且软件升级等困难。因此，第二轮虚拟学习环境实现方案采用了 VRP 虚拟现实平台软件，VRP 与 VRML 比起来，交互性、表现力、程序逻辑的随意性和可扩充性都强于VRML。此方案的交互程度高于前一轮方案，并且易于实现和扩展功能。为了保证设计的科学性和实效性，笔者对界面及工具栏中按钮的位置和组合方式等根据应用测试的使用效果进行了多次调整。

2. 虚拟学习环境学习内容、使用方式的改进

第一轮虚拟学习环境的使用，对于课前或课后的学习内容没有完全详尽的规定及要求，第二轮的使用，则详细地明确了课前或课后需要使用虚拟学习环境的学习内容，尤其是虚拟实验部分，对实验项目及实验报告的撰写和实验数据的分析处理做了明确要求，强调了实践环节的自主实践和探索体验。

在学习内容方面，又开发了一些适合网络学习的资源；在学习支持设计上，更加注重“脚手架”的搭建，注意知识的递进和学生技能的培养环境的构建。

六、成效总结

面向实践课程的虚拟学习环境实质上是一种学习和教学形式，它整合了自主学习、教学、模拟和动手实验，为学生创建了丰富的学习体验。使用电子课程虚拟学习环境的课程考核通过率和学生的学业成绩明显高于传统课堂，学生对虚拟学习环境最为满意的方面包括：①针对实践性课程特点，区分良构和非良构知识，虚拟学习环境提供了足够的实践环境，学生有多种机会解决问题；②对于抽象概念的二维或者三维的可视化表征，能帮助学习理解和实践知识；③基于网络的学习内容设计，使学生能根据需要在课前预习或课后回顾；④把抽象的概念分解为具体的问题，学生对问题回答之后，会有及时的反馈；⑤即时交流，学生表示从与同伴的讨论和交流中学到了很多知识。

使用虚拟学习环境后，电子课程的教学手段及方法得到根本改变：学生的被动学习转变为自主学习，教师可以进行针对性指导；学习内容和途径得到拓展，学生学习的时空大大超越，由定时、定点、定内容转变为随时随地可以自选，课前、课中、课后都可以使用；学生不再局限于完成实验，而是自主地对

实验进行深层次研究，开展研究性学习和合作式学习；教师更新了实验教学理念，提高了教学能力，开发了大量的多媒体课件，形成了独特的教学风格。

第四节　四中心视角和CDIO培养模式的体现

面向实践课程的虚拟学习环境是以学习者为中心构建的，学习内容的设计以知识为中心，提供了促进协作学习的环境和工具，从系统的使用到评价始终体现了为学习者服务的思想。

一、四中心视角的体现

为学习者提供能够实现学习目标的条件和资源是学习环境的主要功能。知识中心、学习者中心、共同体中心和评价中心是学习环境设计的指导思想，它们之间相互联系、相互支持，形成一个整体概念。内容设计对应“知识中心”环境，“学习者中心”在学习支持设计中得以强调，人际关系设计体现了“共同体中心”，“评价中心”是支持学习的一种检验策略（表5-7）（戴维·乔纳森等，2007）。

表5-7　学习环境设计的四中心视角在电子课程虚拟学习环境设计研究中的体现

学习环境设计的四中心视角	电子课程虚拟学习环境
知识中心	虚拟学习环境的学习内容设计以电子课程教学目标为中心，围绕重要的基本概念和原理及应用，考虑教学或学习的顺序；注重基本知识的准备和相应环节有步骤、有进展的实践练习，有助于形成技能。设计了多种学习方式，满足学习者的特定需要，学习是意图性的活动
学习者中心	以学习者的能力、兴趣和前概念为基础设计虚拟学习环境，在遵循学习者的知识建构规律基础上开发虚拟学习环境。学习支持设计以有助于学习者学习和电子实践为准则，学习是真实性、反思性和境脉性的活动
共同体中心	实现了“学习者个体围绕共享的目标和实践聚集在一起”的共同体观念。学习是与环境资源的给养互惠，是协作性活动，具有较好的交互性
评价中心	组织了基于虚拟学习环境的电子课程小组探究活动和评价活动

知识中心：关注学习环境的知识中心程度，检视这种学习环境是否建立在对“希望学习者学到什么和学习者在学习后能够做什么”的分析基础之上，学习者是否能运用知识解决真实情境中的问题。

学习者中心：检视虚拟学习环境是否建立在学习者的能力、兴趣和前概念基础之上，学习环境是否提供了足够的信息、指导和支撑，学习者是否能探究和掌握学习任务，学习成为互动过程。

共同体中心：检验在虚拟学习环境中，学习者是否能轻松、安全地提问，而且能否学会协同工作。

评价中心：检视学习者思维的可视化程度和学习效果，调整虚拟学习环境的设计以适应学习者的需求,学习者也有多重机会测试系统和修正他们的观点。

二、CDIO 培养模式的体现

CDIO 培养模式在电子技术课程虚拟学习环境的设计和使用中得到了很好的体现。系统设计的中心思想是以学习者为中心，引导学习者“主动学习”，在系统设计过程中强调提出问题并引导学习者思考和研讨，充分提供给学习者主动学习和动手实践的资源和工具。通过整合虚拟实验和真实实验，创造更多的机会让学习者动手实践和全身心地投入学习，有利于培养学习者分析问题和解决问题的能力。

面向实践课程的虚拟学习环境采用了课前、课中、课后的混合式学习应用模式，体现了 CDIO 培养模式“构思”“设计”“实现”“运作”等典型环节的思想。课中体现了“构思”环节的分析，可以帮助学习者明确所学内容在学科知识体系中的位置，明确建立自身知识框架的方向和途径。随着学习者逐步构建并丰富这个知识框架，其学习的方向性和主动性就会提高。“设计”理念一直贯穿于此虚拟学习环境的设计研究中。课程的实验教学体现了 CDIO 培养模式的“实现”及“运作”环节，要求学习者在实验前使用虚拟实验进行实验预习，训练学习者的仪器使用、线路搭建和思维逻辑性；在实验过程中，通过小组合作促使学习者协作学习，发动小组讨论，加以教师引导，促进学习者分析实验结果并对比理论结果，找出差异且分析原因；课后利用虚拟实验体验实验过程，促进学习者反思和深度学习，这些都利于培养学习者的实践能力和应用能力。

第五节　能扩展到其他情境中的设计原则

教师传递的只是信息，学习者自己建构的才是知识。知识的传递需要被重视，创造真实的学习环境去指导学习者参与和学习也很重要。面向实践课程的虚拟学习环境是基于建构主义学习观的先进教学模式和学习环境，是可以实现个性化学习的学习方式。不同学习者处于专长发展的不同阶段，虚拟学习环境的优点之一就是能密切地关注每一个学习者的思维过程和实作表现，并据此提供有针对性的个性化的辅导，真正做到“因材施教”。其中智能教师系统能支持这种个性化的学习反馈。另外，在虚拟学习环境的探究环节中，学习者可以以个性化的方式去追踪其感兴趣的问题和任务。合作学习在虚拟学习环境占重要地位，学习者之间可以组成学习共同体，合作进行问题的解决。学习者通过与能力较强的同伴交互，跨越自身的“最近发展区”，从而促进自己的专长发展。以上效果已在电子技术课程的学习中得以证明，能对学习环境的设计带来一些启示，电子技术课程虚拟学习环境的设计原则及经验能扩展到其他课程情境中，如学习内容的设计原则、学习支持的设计原则等。

一、学习内容的设计

1. 课程目标方面

课程目标不仅是信息的获得和事实的记忆，还应侧重发展学习者的深刻学习和高级认知技能的培养，注重学习者所获得的知识和技能的可迁移性，注重学习者元认知技能的培养，让学习者学会监控和管理自己的学习。

2. 课程内容方面

传统学校教育重视领域知识即学科内容知识的学习，这种知识不能为大多数学习者在某领域中解决问题和完成任务时提供充分的线索，而且这些领域知识是在脱离真实问题情境和专家问题解决实践的情况下获得的，是惰性的，大多不能迁移。在这些知识的意义中，许多重要的微妙之处只有在各种问题情境中多次运用时才能获得，而问题解决策略、控制策略和学习策略才是导致学习者专长发展的更重要知识，因而，在学习环境设计中，除了要重视学科内容知识的学习以外，更要有意识地培养学习者的问题解决能力、元认知能力和对自己学习的管理能力。

二、学习支持的设计

1. 注重创设真实的学习情境

传统教学往往脱离知识所在的情境来孤立地教授知识，让学习者以可以预见的方式去解决良构的问题。这导致学习者对学习的认识简单化，也使他们不知道如何在所学知识和真实世界情境之间建立联系，因而所获得的知识难以迁移到新的情境中去。关于学习的研究显示，镶嵌在有意义的真实情境中的学习任务易于理解，而且能更加连贯地被迁移到新的情境中去。在学习环境的设计中，只有创设真实的情境，学习者才能看到知识和真实生活之间的关联，从而激发其学习动机，学习的知识才能更好地迁移。

2. 以问题解决为导向

乔纳森认为“问题解决是教育的未来”，“学习的未来是学会解决问题”，因为问题解决能体现学习的真实性、目的性、丰富的意义（李妍，2006）。

3. 创建学习共同体

虚拟学习环境以学习者为中心，学习环境为学习者的学习过程提供示范、指导和“脚手架”支撑，学习者是知识的建构者，通过清晰地表达、反思和探究，能积极地建构知识，获得技能。围绕真实的问题解决情境创建学习共同体，在学习者中间弘扬协作、交互、互助的学习文化，可以使能干的学习者带动更困难的学习者共同进步，促进双方深刻的有意义的学习和理解知识。学习共同体理念强调提升集体知识，从而支撑个人知识的发展。

4. 为学习者提供思维技能的指导和示范

学习环境必须能针对学习和问题解决，为学习者提供思维过程的指导和示范，应能提出关键性的问题，去启发和引导学习者，为学习者搭建“脚手架”，为学习者的学习提供及时的反馈。

5. 给学习者提供反思的机会

作为一个积极、严格和分析性的过程，反思过程对提高学习者的学习质量是很关键的。学习者需要针对自己的学习情况进行经常性的反思，从而调控自己的学习。这要求虚拟学习环境在设计中，不能仅关注内容的覆盖，还应该强化学习者的反思意识，并对怎样促进反思加以必要的引导，让学习者对过去已经发生的和目前正在进行的学习进行反思。

6. 合理安排教学顺序

教学顺序的提倡对虚拟学习环境的设计是必要的，尤其是针对实践性课程。除了将教学内容按复杂性进行排列，由简到繁以外，虚拟学习环境还应建构一系列的任务，让学习者将多样化的策略和技能运用于任务解决中。当学习者学会把技能应用于多样化的问题以后，学习者的策略就会获得更丰富的情境联系网络，从而更容易迁移到不熟悉或新的问题。虚拟学习环境还应帮助学习者对整个学习活动建立一个清晰的概念模型，从而帮助学习者理解自己正在执行的部分，提高他们监控自己进步的能力并发展自我纠错技能。

本章小结

本章将面向实践课程的虚拟学习环境以混合式学习模式用于电子技术课程双语学习中，进行了电子课程虚拟实验的应用研究、混合式学习电子课程双语教学设计，包括前期分析、学习内容设计、学习活动单元设计、学习策略设计及虚拟学习环境设计；实施后进行了评价设计与分析，包括分析学生的考核成绩、问卷调查及电子线路实验实践效果，获取了有价值的教学应用反馈和学习评价结果，形成了能扩展到其他情境中的设计原则。

第六章

虚拟学习环境的无障碍研究

虚拟学习环境可以在线展示优质课程和资源，使个性化的学习成为可能，使不同人群共享优质教育资源成为可能。人的多样性包括能力、语言、文化、性别、年龄及其他个体差异，包容性设计全面考虑了人的多样性，包容性设计的应用，是解决目前虚拟学习环境无法有效地满足所有类型的学习者（如部分残障用户）需求的重要方法。

第一节　虚拟学习环境的无障碍和包容性设计

当前国际上的法律和政策提倡信息无障碍，要求信息技术领域如网站、应用软件对所有人包括残障人士无障碍或可访问。美国司法部于 2015 年三四月调查了加利福尼亚大学伯克利分校（University of California，Berkeley）在 YouTube、iTunes U 平台和 edX 学习管理平台所提供的 MOOC 课程等在线资源的无障碍性，所检测的 16 门 MOOC 课程都存在各种不易获取或访问障碍的问题，如音频或视频资料没有提供字幕，未给非文本内容提供文本说明，有些链接不能通过键盘操作，屏幕阅读器难以应用等。2016 年 11 月，哈佛大学（Harvard University）和麻省理工学院因大量网上资源没有字幕说明等问题被诉讼违反了《美国残疾人法案》（Americans with Disabilities Act，ADA）和《康复法案》（Rehabilitation Act），被要求确保新兴技术的平等应用，要求教育平等。

推进“教育公平”，推动“互联网+教育”发展，促进优质教育资源共建共享是由《国家教育事业发展“十三五”规划》所提倡的。目前虚拟学习环境具有较好的互动性，微博、论坛、群组均可以构建在线学习社区，且支持笔记本电脑、手机、平板电脑等多种终端访问，学习者可以随时随地访问课程网站，进行学习、讨论，满足其碎片化的学习需求。但是目前虚拟学习环境还不能适应人人皆学、任意方式及任意步调学习的诉求，无法有效满足所有类型的人群尤其是残障人群的需要。因此，研究如何改善虚拟学习环境以适应不同学习者的无障碍需求，扩大受益人群面以促进教育公平是值得关注的问题。

一、无障碍及其标准

目前很多国家制定了关于无障碍的立法和政策，如加拿大安大略省残疾人可访问性法令《安大略残疾人无障碍法令》（Accessibility for Ontarians with Disabilities Act，AODA）和《美国残疾人法案》中的 508 条款，均强调了信息资源对残障人群的可访问性，这极大地激励了包容性设计的兴起。包容性设计的应用是解决网络无障碍问题的重要方法。目前有不少研究包容性设计、包容性标准，以及评估是否满足无障碍标准的项目和机构。其中，显著的如加拿大安大略艺术设计学院（Ontario College of Art & Design University，OCAD）的包容性设计研究中心（Inclusive Design Research Center，IDRC），这个机构的核心目标是确保信息技术及其实践符合包容性设计标准。

Web Accessibility，即网络信息无障碍是指软件产品如 Web 内容的可访问性及无障碍性。Web 内容可访问性指南 WCAG 2.0 是要求网站和网站内容能为广大用户包括残障人群无障碍使用的一个国际标准,是创建无障碍网站的指南。即 WCAG 2.0 定义了如何更方便地使用 Web 内容的方法，遵循这些方法，Web 内容更容易为广大残障人群所接受，也可以让普通用户更容易访问 Web 内容。WCAG 2.0 分为三个等级,即 WCAG 2.0 Level A、WCAG 2.0 Level AA 和 WCAG 2.0 Level AAA。每个等级包括一系列的技术检验点，这些检验点使网站和其内容对广大用户逐渐无障碍和可及。AA 级基于 A 级检验点之上，AAA 级基于 AA 级检验点之上，不同的网站需要达到相应的级别。

为什么存在“无障碍”的问题？这涉及普通用户或残障人群的需求，不同的人访问和使用互联网的途径和方式不同，例如用声音传达的信息就无法被听障用户所理解，也无法被在嘈杂环境下使用网站的普通用户获得。

什么是无障碍网站？比如 Web 内容可访问性指南 WCAG 2.0 有这样一个标准，keyboard accessibility 即“键盘可及”，怎样检验“键盘可及”呢？拔掉鼠标或用纸板封住笔记本电脑的触摸板，然后浏览网站，能仅仅只使用键盘就能完成一切网络操作吗？能登录和退出吗？能填写表格吗?能使用所有的导航按钮吗？能说出键盘目前焦点在哪里吗？如果可以，这个网站在“键盘可及”这一个点上就达到了标准，也就是要求所有能通过鼠标完成的操作用键盘都能达到同样的效果。为什么要考虑“键盘可及”呢？那是因为许多人不能或不想使用鼠标或触控板。也许他们是高级用户，他们不想浪费时间在手从键盘到鼠标的移动上；也许他们用的是笔记本电脑但是不喜欢用触控板；也许他们用的是无线鼠标但是电池没电了；也许他们行动不便不能使用鼠标，也许他们视觉受损看不清屏幕。以上任何一种原因都会导致用户不愿意浏览没能达到“键盘可及”标准的网站。

美国、加拿大很多学校都有专门负责无障碍的工作人员。目前有很多网站在设计时就已经按照无障碍的标准进行，一些老网站也正在按照无障碍的标准进行改造。如科罗拉多大学（University of Colorado）所开发的开放式交互物理仿真（physics simulations）网站 PhET（https://phet.colorado.edu），就正在和包容性设计研究中心一起合作，使这些仿真学习软件能够让残障人群使用，如一些仿真软件主要是鼠标控制，就将之设计为键盘控制，或屏幕控制，或一键触发“群”控制，或增加非视觉交互手段，总之，就是使这些仿真能让有各种学习障碍或各种需求的人使用。

二、包容性设计的引入及其三个特征

1. 包容性设计的引入

包容性设计（inclusive design）源于人口老龄化和残障人群融入主流社会运动的发展，目前包容性设计不再将残疾人、老年人等看作需要特殊设计的群体，而是视他们为多样化人群的一部分。包容性设计被定义为“可不断完善的一个实际过程，使设计师、制造商和服务供应商确保其产品和服务能够满足最广泛的受众的需要，不受他们的年龄或能力的限制”（董华，2011）。包容性设计全面考虑了人的多样性如能力、语言、文化、性别、年龄及其他个体差异，支持个人或群体的多样性，能使人与环境之间的活动无障碍，也即 accessibility。[①] 无障碍是指系统对个体需求的适应性，系统或设计能够与个体需求匹配。包容性设计是力图充分认识用户群体的多样性，将其拓展到一个相对的能够受益于

① What is Inclusive Design. 2016. https://idrc.ocadu.ca.

此设计的最大化用户群体，力图减少在设计过程和结果中对用户产生无意识的排除（Keates，Clarkson，2003）。

虚拟学习环境的在线特点和其面对的多样性用户特点决定了虚拟学习环境的开发建设必须遵循包容性设计。虚拟学习环境的共享必须考虑到所有用户的实际能力，减少和消除学习平台内外的排斥现象，满足和应对所有用户需求多样性的过程。包容性设计是以用户为中心，通过降低对用户能力的要求，尽可能地扩大产品的适用对象及适用环境。包容性设计可以将产品的能力值要求降到尽可能低的程度，设计多种方式达到这个目的，因此包容性设计的应用是解决虚拟学习环境有效满足各种类型的用户尤其是残障人群需求的重要方法。

2. 包容性设计的三个特征

为什么需要包容性设计？一方面，个体能力会随着年龄及周围环境的变化而改变或衰退，如人的记性力下降、体力衰弱或视力下降；另一方面，每个人都有可能在某一特定的时间或处于某一特殊情况时面临短暂性或永久性的能力不足或缺陷。比如身处光线不好的环境中，即便视力正常者识别物体的能力也会下降；在高噪声环境中，人的听力会受到影响。对残障人群的包容性设计，也是对普通人群特殊情况的包容性设计，它既满足了残障人群的需求，也满足了普通用户的个性化需求。每个用户的个体特征不同，身处环境不同，运用设计弥补用户的缺陷、包容用户能力的不足，使其平等地获得资源或信息，正是包容性设计的意义所在。

在包容性设计的含义里，disability 不再指一般意义上的“残疾、无能”等，这里所定义的 disability 是指个体的需求和所提供的服务、教育、工具及环境不匹配，是一种可以随环境及个体变化的状态，不再局限于个体特征，而包容性设计可以解决不匹配问题。在实际生活中无论是残疾人还是正常人都有可能在一些环境中经历某种不适应，这种情形下适应或处理的好坏程度取决于他们当时所能使用的工具，一个好的设计能在人和环境之间架起桥梁，包容性设计的目的或挑战就在于此。

包容性设计主要有三个特征：①考量个体的多样性和独特性。one-size-fits-one

即“一对一”，只有通过一对一的配置才能达到最优的包容性设计。包容性设计强调自我决定和自我认识的重要性，用户自己选择配置，这种适应性设计也有助于自我认识的成长。②采用包容性过程和工具。设计的过程及在设计中使用的工具是包容性的，强调群体的表现是多样性的观点，包容性设计所参与的研发团队应该是多样性的，设计和研发工具应该是尽可能无障碍使用的。③有较宽的受益面。包容性设计师应该力图扩大设计目标的受益面，认识到系统和用户之间的相互作用，形成一个良性循环。①

目前提倡 accessibility with inclusive design 这个概念，即采用包容性设计以达到用户使用无障碍。采用包容性设计可以达到很高的稳健性，满足无障碍的要求。判断是否无障碍取决于用户、环境和使用目标。例如，一个眼盲的学生听一个音频讲座，他比没有看过背景资料的学生，或语言不流畅的学生，或熬了通宵的学生只会有较轻程度的使用障碍。音频讲座适合那些了解背景知识、理解语言良好、能充分参与的学生。按照这个理念框架，每个人都有可能从包容性设计中获利。

第二节 包容性设计的实现过程

包容性设计的步骤：与用户交流，了解用户环境，基于所了解的情况使用情景案例，详细地记录用户的需求和他们所处环境的不匹配，逐渐建立原型，并且进行多次非线性迭代。

用户状态与环境图（the user states and contexts）是包容性设计研究中心研发的一个用户建模工具，用于帮助可视化和理解用户的实际状态。用户状态与环境定义：状态是指影响个体使用产品或系统的个人因素，环境是指影响个体使用产品或系统的外界物理因素。包容性设计所考虑的每个因素都与用户个体状态

① What is Inclusive Design. 2016. https://idrc.ocadu.ca.

或所处环境有关,这些因素可能会影响用户对产品或系统的使用。需要说明的是,包容性设计关注的是用户的状态或环境导致的影响,而不是其原因。比如,莎莉看不清楚,这是莎莉自身状态或环境所致,包容性设计关注的是这点。而至于莎莉看不清楚的原因是天生弱视还是外面太亮,包容性设计对此并不关注。

包容性设计所关注的因素有视力、听力、言语、动作的灵敏性、认知、沟通能力、社会环境、网络的可接入等。一个用户的自身状态和所处环境有关。每个人每天、每周、这一生,甚至每个时刻的状态都是在变化的。比如,用户早上在办公室对某个产品的需求就和晚上在家中的需求不一样。这个建模工具意图能捕获这些变化的状态和环境,使设计所要注意的事项更加清楚透明。

用户状态和环境图见图 6-1①。

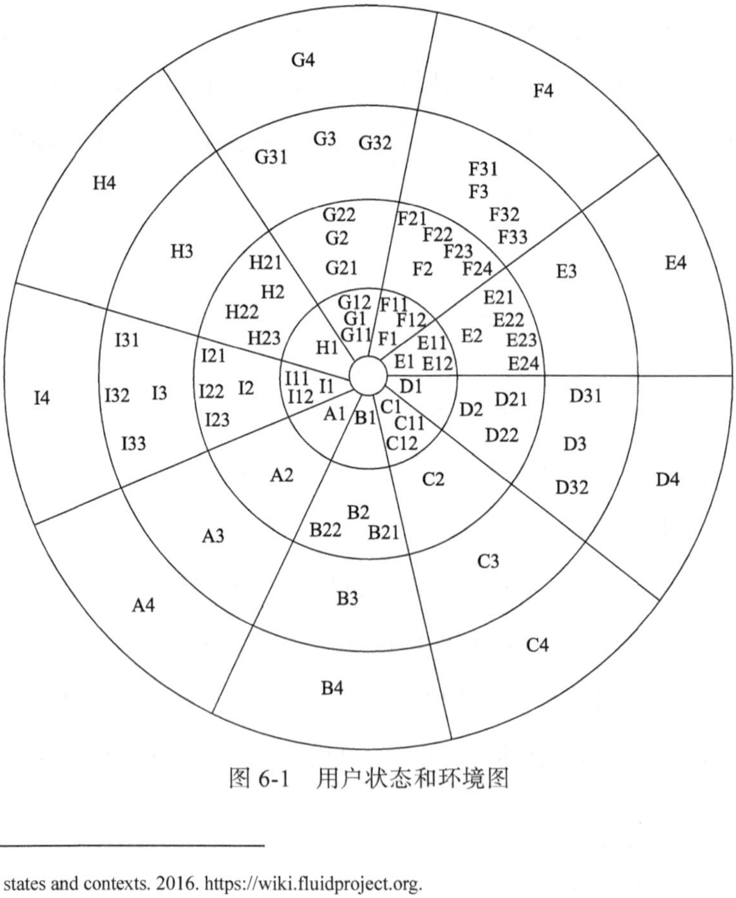

图 6-1 用户状态和环境图

① User states and contexts. 2016. https://wiki.fluidproject.org.

用户状态与环境图分为感官（F）、动作灵敏性（E）、认知（D）、交流（C）、持续时间（B）、学习安排（A）、设备平台（I）、网络接入（H）、社会环境（G）9 个方面。这 9 个因素根据用户需要帮助的程度各自细分为几个层次，这些层次以递进的方式从最需要帮助的层次渐进到不需要帮助的层次。

1）感官（sensory）分为视觉、听觉、语言。

视觉状况分为三个层次：①需要视觉信息的替代如需要盲文，需要触觉图像（F11）；②需要颜色信息的替代（F21），需要增强视力（F22）；③视觉好（F31）。

听觉状况分为三个层次：①需要声音信息的替代（F12）；②需要增强声音信息（F23）；③听力好（F32）。

语言状况分为两个层次：①需要言语交互的替代（F24）；②说话流利（F33）。

2）动作灵敏性（dexterity）分为三个层次。第一：①需要鼠标的替代（E11）；②需要键盘的替代（E12），包括需要一次按住两个键的替代方式（E121），需要替代的键盘布局（E122）。第二：①使用眼睛追踪定位和选择（E21）；②需要改良的鼠标（E22），包括需要稳定鼠标的方法、使用自动扫描、使用人工扫描、使用直接扫描、使用语音识别；③需要改良的键盘（E23）：使用二进制代码、使用象限代码；④使用触摸屏（E24）。第三：能很好地使用鼠标和键盘（E3）。

3）认知（cognitive）分为两个层次：①需要简化布局（D21）、需要简化的内容（D22）；②页面（布局）可读（D31）、内容可理解（D32）。

4）交流（communication）分为四个层次：①需要手语（C11）、需要文本大声读出（C12）；②需要翻译语言（C2）；③理解语言（C3）；④语言流利（C4）。

5）持续时间（temporal）分为三个层次：①不愿意听任何讲座（B1）；②愿意较长时间的交互性讲座（B21）、愿意较短时间的交互性讲座（B22）；③适应所有类型的交互性讲座（B3）。

6）学习安排（learning arrangement）分为三个层次：①自主安排（A1）；②建构性的、合作的安排（A2）；③有教师辅导的安排（A3）。

7）设备平台（device platform）分为三个层次：①没有电脑（I11）、没手机（I12）；②有一台过时的电脑（I21）、有一部非智能手机（I22）、有一个小显示屏的设备（I23）；③有一台现代电脑（I31）、有一部智能手机（I32）、有一个大显示屏的设备（I33）。

8）互联网接入（internet access）分为三个层次：①无网络的交互（H1）；②偶尔访问低速互联网（H21）、时刻可以接入低速网络（H22）、偶尔访问高速互联网（H23）；③时刻可以接入高速互联网（H3）。

9）社会环境（social environment）分为三个层次：①频繁打扰（G11）、有噪声（G12）；②偶尔有邮件或社交网络的打扰（G21）、来自外界的偶尔打扰（G22）；③没有干扰（G31）、安静的环境（G32）。

比如苏珊是一所大学的老师，她很乐于和学生一起参与各种项目，图 6-2 是她白天在实验室工作时的状态和环境。图 6-2 很清楚地描绘了苏珊白天在办

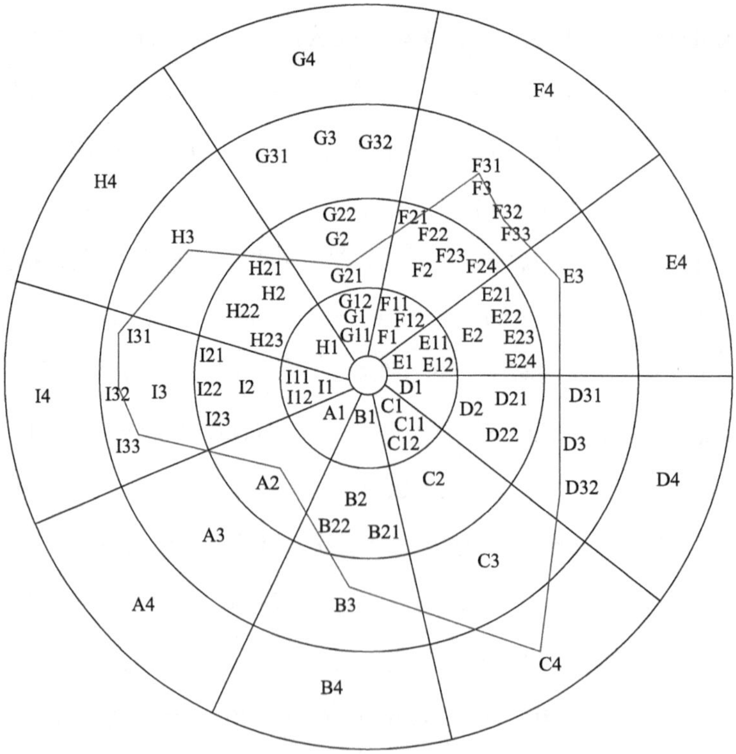

图 6-2 苏珊白天在办公室工作的状态和环境图

公室工作的状态和环境。同时也可以画出苏珊晚上在家工作时的自身状态和环境图，苏珊晚上在家时具有安静的环境（G32），时刻可以接入高速互联网（H3），但是只有一台小显示屏的电脑（I23）。了解到苏珊白天在办公室的工作，如看文献、和学生网上讨论或互动等，眼睛已经很累，晚上在家再看小显示屏幕眼睛会过于疲劳，我们建议苏珊下载一个免费、开放源代码的屏幕阅读器NVDA，或者一个试验版的流行屏幕阅读器Jaws，打开屏幕阅读器，关上显示器，苏珊闭上眼睛就可以听到屏幕阅读器读出网页的内容，减轻眼睛的疲劳度。根据苏珊的状态和环境，考虑现实场景和用户需求，设计使苏珊和当时环境匹配的工具或服务，就可以实现包容性设计。

第三节　基于包容性设计的虚拟学习环境无障碍解决方案

虚拟学习环境的使用者有在校师生，也有社会学员，用户层次不同，能力不同，使用方式不同，使用阶段或时间不同，单个用户就可能拥有不同层面的多种需求和不同方面的能力局限。开发虚拟学习环境需要关注：①如何适应单个用户能力、需求的多样性；②如何满足不同个体的能力、环境局限等差异化需求（Clarkson et al.，2013）。[①]

虚拟学习环境的开发首先要遵循Web内容无障碍指南2.0版（WCAG 2.0）的标准，帮助网站开发人员充分了解网站开发的各类无障碍标准及规范，将无障碍思维、用户体验等核心问题融入网站开发过程。此外，还需用多种无障碍检测工具和方法检验虚拟学习环境的可访问性，选用包容性设计方法进行改善和解决相应的问题（Kesswani and Kumar，2016；Ismail and Kuppusamy，

① Treviranus J. Life-long Learning on the Inclusive Web. 2017. http://dx.doi.org/10.1145/2899475.2899476.

2016；陈红红和董晓辉，2016）。[①]

1）帮助学习者寻找和决定什么是其最适合的需求和偏好，提供学习者用来定义和编辑个人需求偏好的系列工具，根据学习者偏好自动配置电脑。

2）为学习者提供获取学习资源的工具。提供搜索指南，指导学习者发现、搜索到能满足其无障碍需求的学习资源。指南实行全面共享的个性化策略。

3）开发多样性学习资源，优化单项感觉刺激，注重“多感官设计”，满足学习者偏好。

包容性的特征之一是考量个体的多样性和独特性，一个人的学习习惯、方法与态度影响其对所处环境之知觉、互动和应对能力，也影响个体如何接受刺激、记忆、思考和解决问题。

每个学习者对教学资源的使用偏好不同，有人喜欢看文本，有人喜欢看视频，有人喜欢听音频，因此，提供的资源必须多样性才能满足用户偏好。

关于优化单项感觉刺激，如针对视力差的学习者，在学习资源的提供设计上可以适度增大视觉刺激强度，提供工具强化文本视觉刺激，以弥补学习者视觉感知能力弱的缺陷。对触觉感知迟钝的学习者，可以设计键盘代替鼠标操作，多设计容易操作的热键，通过增强操作的动作反馈来提醒用户。总之，以上设计均通过包容学习者某方面感觉不灵敏的缺陷，优化资源的感觉刺激。

另外，“多感官设计”也是解决不同使用偏好和不同使用环境下障碍问题的一个重要方法，即将嗅觉、听觉、触觉与视觉等多重体验相结合，以加强知识点或信息的体验和理解，通过提供多种感觉信息弥补单一感觉信息的接受不畅。

4）知识点索引清晰。学习者的认知能力不同，对于新的知识点接受速度不同，判断、记忆、思考、学习的能力也不同，大量杂乱信息可能会导致部分学习者认知障碍；信息不足、知识点衔接或铺垫不够也可能造成学习者认知障

---

① References Authoring Tool Accessibility Guidelines. 2017. http://www.w3.org/WAI/intro/atag.php.

碍。因此，对于课程涵盖的全部知识点要一一分组，有逻辑地列出知识点标识符（或序号）、知识点标题、知识点描述，关联的学习活动需要清晰，并且导航链接有效，针对基础差的学习者或前期知识不足的学习者可以提供必要的知识“脚手架”，方便其获取知识补充点，将学习行为融入学习环境。

5）设计微课程，知识颗粒化、系统化相结合。以往的虚拟学习环境无论是教学 PPT 还是教学视频，都存在教学时间长、内容无分割的问题，这不适应学习者在短时间内移动学习需要和小知识点获取的心理需求。将知识颗粒化，设计成微课程使学习者易于吸收消化，同时注重整门课程各部分之间知识点的衔接，能使学习者形成系统化观念。

6）加强互动与反馈。包容性设计过程，要求参与视角的多样性，需要建立一个基于学习者、资源设计者和提供者共同参与设计的通道，改善学习资源的设计、提供、开发过程和用户体验，并且在学习者、学习资源设计者、提供者之间创造一个良性循环，扩大受益面。加强虚拟学习环境课程内信息交互性设计，使学习者在使用过程中能获得动态的反馈和引导。构建师生和学习者之间的网上互动平台，持续跟踪虚拟学习环境网站的可访问性，提供关于如何使网站更容易访问的反馈，保持和虚拟学习环境的互动。

第四节　包容性设计案例——基于云技术的无障碍 Web 平台构建

用户在使用计算机获取和使用 Web 信息时，会遇到各种不同程度的障碍，用户和系统之间的交互状态与计算机系统、用户自身状态、用户任务、环境等因素有关。图 6-3 构建了用户和系统交互的无障碍 Web 平台。图 6-3 采用管道模拟用户和系统之间的交互流，阀门用来模拟用户和系统交互的障碍，图中交互障碍来源于可能妨碍用户和系统交互的任何因素。阀门完全开放表示没有交互障碍，阀门完全关闭表示无法进行交互，其他的阀门位置状态模拟交互存在部分障碍。可以设计如图 6-3 所示的控制方式：阀门的开度由阀芯控制，在阀芯端设计一个第三方服务平台，这个平台能帮助用户控制和消除与系统交互的障碍。

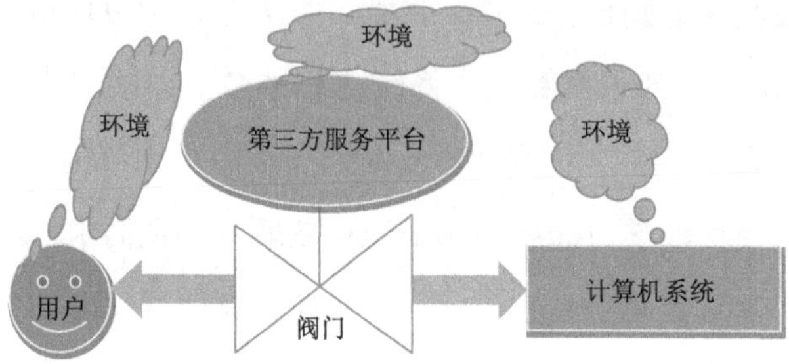

图 6-3　无障碍 Web 平台

一、无障碍 Web 平台构建方案

无障碍 Web 平台构建方案：①开发和展示有助于无障碍的平台，提供可以用来帮助实现无障碍的工具及其组件，如无障碍网站组件工具箱，无障碍评估和修复工具，无障碍设计模式及无障碍设计的典范；②设计可用的、无障碍编辑工具用户界面，适用于全面的可访问无障碍需求。

首先要设计可用的、无障碍编辑工具用户界面。编辑工具对于开发可访问的网站非常重要。通过使用并遵守由万维网联盟（World Wide Web Consortium，W3C）所制定标准的工具，不熟悉“无障碍、可用性”相关内容的网站开发者，或者漠视无障碍标准的开发者，最终也可以开发出无障碍访问的网站，这是因为开发者所使用的工具在默认状态下被预设成有利于创建无障碍访问的网站内容的状态。

二、无障碍 Web 平台功能模块

无障碍 Web 平台具有以下功能模块：采用云技术的传送系统，个性化配置文件夹，自动配置设备满足用户需求的系统，具有通用模块的丰富的开发和集成系统。

可以将各种辅助技术应用在系统中，这里辅助技术指添加到系统或与系统结合，增加个人可访问性的硬件或软件，如盲文显示器、屏幕阅读器、备选输入设备如跟踪球、左手鼠标，以及眼睛跟踪设备、屏幕控制软件等。

提供和开发用于转换及变换 Web 资源的工具，如将所在页面多媒体信息转换成文本信息的工具、将文本信息转换成声音信息的工具。开发和集成无障碍访问辅助工具，增加内容的多样性，目的是满足用户的多样性需求。如设置“无障碍面板”（accessibility board），集中“文字变换”“文字放大”“高对比度”“简化内容”“语音朗读”等功能项在一个浮动工具条，方便用户使用。

三、无障碍 Web 平台实现

按照 one-size-fits-one（一对一）的理念帮助用户建立设计方案，以达到无障碍使用 Web 的目的，消除感官或物理限制、认知约束及其他特殊的学习或使用依赖（Treviranus et al.，2011；Ovadia，2010；Vanderheiden，2013）。[①]

无障碍 Web 平台主要有以下部分。

1）针对用户，建立用户偏好信息文档，建立用户的 Web 偏好和设置需求或服务需求，说明网上信息和服务应该如何呈现给用户（黄荣怀等，2006）。

2）访问偏好用户界面，给用户提供一个尝试实践个人需求的场所，帮助用户找到最适合自己当时环境需求的使用偏好。它以一种直观简单的方式把所支持的用户需求偏好一次一个地展示出来，并且每一个偏好的选择（调整）都直观地立即反映在当前页面上。[②]如图 6-4 所示，偏好访问用户界面包括语言的选择，是否需要音频的选择，播放视频时是否需要文本字幕的选择。

---

① PGA. 2016. http://www.iskme.org/our-work/preferences-global-access; PMT. 2016. https://wiki.fluidproject.org/display/fluid/Preference+Editing+Tools+Design.

② GPII. 2016. https://wiki.gpii.net/w/Main-Page.

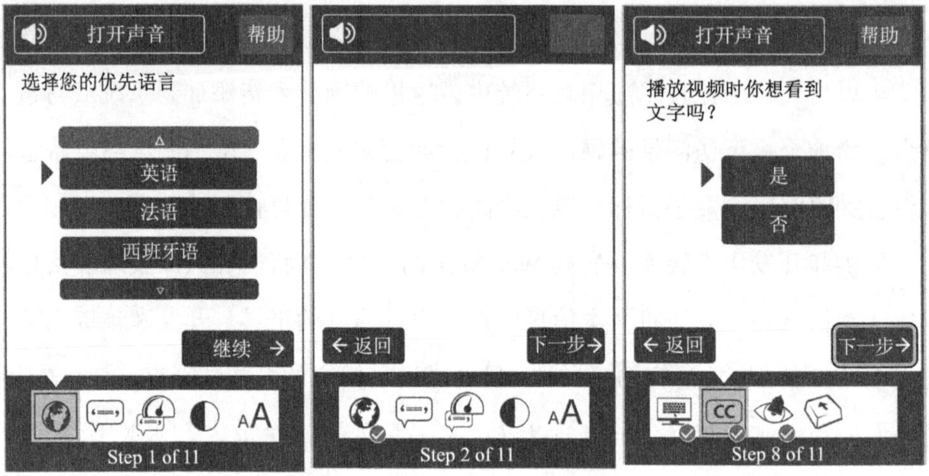

图 6-4　偏好访问用户界面

资料来源：http://wiki.fluidproject.org

基于我们的经验和研究，显然单个的设计已不能满足所有用户的需求。影响偏好发现及用户界面设计的因素有很多，如用户多样的经验水平、对技术的适应性、能力、年纪及其他因素等。由此，需要为用户设计一系列偏好编辑用户界面和工具，且每种都有其独特的用途及功能。除了可以存储所选择偏好的探索工具外，偏好编辑工具系列还包含了其他一些工具，如“只用于当前偏好选择，不存储”；“调节偏好并且保存”，“管理所保存的偏好”即偏好管理工具（preference management tool，PMT）。PMT 是一个完善的编辑器，它能让用户在任何环境、任何应用、任何设备上看到和编辑其偏好（Vanderheiden et al.，2013）。

3）使用云技术，根据用户偏好自动配置电脑。可以使用云技术获取个人偏好信息并存储，使用户在任何设备、任何时候、任何地点都可以调用这些信息，使用偏好工具。启动方式可以设计为，插入一个 U 盾在电脑或使用指纹识别，启动后电脑自动从云端读取用户的偏好设定，从而自动设置电脑以满足用户的需求。如图 6-5 所示，用户按照自己的偏好设置了字体的大小，这作为用户个人偏好被记录在该用户个性化配置文件夹，通过云技术，可以应用到本电脑及其他电脑或设备，并且当用户拔掉 U 盾后所应用的电脑自动回复到初始状态。[①]

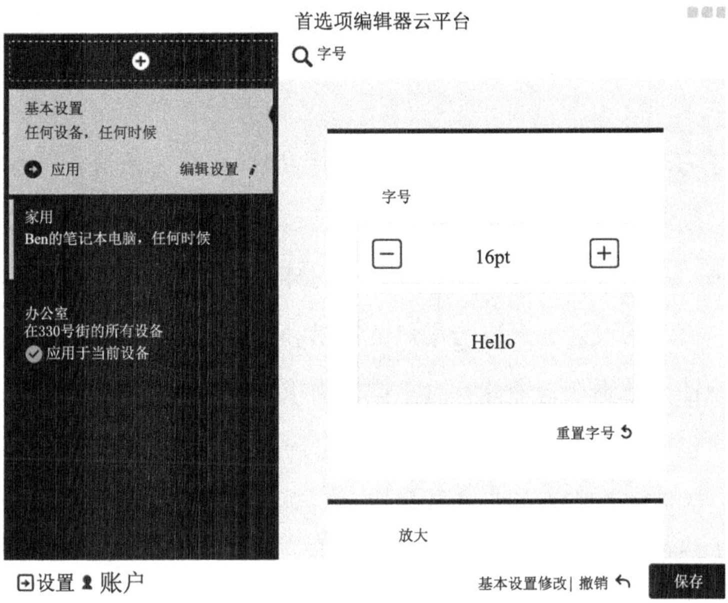

图 6-5 用户偏好设置

此平台能基于用户偏好自动配置好个性化的用户界面和用户环境。当用户面对设备时，此信息通信技术（information and communication technology，ICT）设备能够立即改变以适应用户，而不是要求用户主动去适应、配置或安装所需的设备。利用云技术可以使用户无论在何处使用何种设备，都能自动应用正确的工具，并且所调用的用户信息是保密和安全的，这对于促进教育、就业、商业及公共服务的发展的作用是非常大的。它可以让每个人无障碍的使用 Web，让每个人使用他们所熟悉的用户界面，快速适应新的环境。

① GPII. 2016. https://wiki.gpii.net/w/Main-Page.

本章小结

虚拟学习环境的在线特点和其面对的多样性用户特点决定了虚拟学习环境的建设必须遵循包容性设计。包容性设计可以解决个体的需求和所处的环境不匹配问题。采用包容性设计建设虚拟学习环境需要解决的关键问题是将技术的可能性、资源的设计、提供与用户的需求和使用情景紧密结合起来。由于多样性和独特性无处不在，个体有着不同的需求，包容性设计所用的工具、流程和设计需要包容和灵活，需要仔细规划，各方面、各层次都要考量，找出具体解决方案，因此，包容性的设计和使用，可以使任何学习者在任何地方、任何时候都能无障碍地使用网上资源、共享信息。

第七章 面向实践课程的虚拟学习环境研究总结及研究展望

实践性课程需要大量的、有序的实践训练环节，而目前国内外一些虚拟学习环境中的工具、资源等技术支持开发不足，对教学或学习的顺序考虑不足，交互手段单一，难以支持和培养学生的实际操作能力。本书结合已有的设计研究方法，研究以学习者为中心，面向实践课程的虚拟学习环境的设计，聚焦有效学习环境的设计和对发生于其中的学习的理解，并且结合国际网络资源无障碍标准进行研究，提出了解决学习者学习和实践问题的新思路。

第一节　研 究 总 结

此虚拟学习环境针对实践性较强的学科，以促进深度学习的学习内容设计和以学习者为中心的学习支持设计为出发点进行虚拟学习环境的构建，研究了学习空间的构建及扩展，学习支持设计策略如何实现，进行了交互性虚拟实验室及交互性虚拟教室的研究，引入了虚拟教师、虚拟学生来加强学生间、师生间交流与协作，利用智能测试系统、即时交流、问题查询等认知工具，提供了支持学习者进行建构性学习的各种学习资源和工具，进一步实现了虚拟学习环境的可操作性，提高了学习者在虚拟学习环境中的实践能力。

本书进行了虚拟学习环境的应用研究，以实践性较强的电子技术课程为例实施了虚拟学习环境的应用分析和评价研究,针对学习环境的要素如课程内容、活动、工具、学习者、教师角色等设计，将虚拟学习环境以混合式学习应用模式设计与实施。通过有效问卷的统计分析、学生考试试卷的分析及电子实验实践效果分析，对虚拟学习环境的应用与学生实践能力发展之间的关系进行了定性定量实施效果分析，形成了能扩展到其他情境中的设计原则。

本书在面向实践课程的虚拟学习环境的设计与实证研究方面具有一定的特色，并且结合国际网络资源无障碍标准，进行了虚拟学习环境无障碍研究。

1）将设计研究方法和虚拟学习环境设计相结合，提出虚拟学习环境设计研究实践框架。该思路将虚拟学习环境设计与教学设计区分，凸显了设计研究的情境性特点和动态评价特征。

2）以乔纳森学习环境设计模型为指导，根据实践性课程的特点，提出面向实践课程的虚拟学习环境设计模型,进行了实践课程的虚拟学习环境的构建、交互式学习空间和认知工具的构建、虚拟学习环境功能设计和体系结构设计等。

3）提出集成多种策略以促进学习者自我调节学习为中心的虚拟学习环境学习支持设计，为虚拟学习环境的构建提供支持。采用合适的技术方法实现了实践课程的虚拟学习环境学习支持设计。

4）以电子技术课程为例进行了实践课程的虚拟学习环境的实证研究。案例凸显了学习内容、学习支持和学习支持设计策略的设计研究与实现，对电子技术课程虚拟学习环境以混合式学习模式加以应用和评估。

5）研究包容性设计特征及其工具，提出了虚拟学习环境无障碍开发方案。

第二节 研究展望

此虚拟学习环境是一个以学习者为中心的系统,交互的目的是提供学习者个性化辅导和情景化学习。虚拟学习环境被应用于电子课程的双语教学中，有利于辅助学习者学习、教学模式改进、学习者思维能力和实践能力的培养，有利于发展学习者的深刻学习和高级认知技能的培养,有利于降低教学成本等，有较好的应用前景。但是虚拟学习环境的使用效果受限于系统设计，系统设计受限于所掌握的技术和理论研究。

虚拟学习环境的交互功能与人的自然交互功能还有差距，如何实现虚拟教室中虚拟人物的进一步拟人化是今后的研究方向，需要进一步的研究以给虚拟教师增加更多的功能和行为，如情态、个性和复杂的教学策略等，使虚拟教师在环境中没有人为干预时也能作出决策，使虚拟教室更接近真实教室。

针对已开发的虚拟学习环境研究发现，虚拟学习环境的功能、系统整合性和系统的交互性有待进一步提高，虚拟学习环境的可操作性和实践性有待进一步提升。只有为学习者制定严格的绩效标准，才能设计出最大限度地发挥虚拟学习环境优势的活动。

虚拟学习环境的应用与学习者发展，如与学习者实践能力发展的关系需要进一步被研究，以电子技术课程做应用推广，从基础专业课程到高年级的硬件课程设计及毕业设计进行追踪调查、比较分析，以找出解决学习问题和实践问题的新思路，将面向实践课程的虚拟学习环境设计研究推广到新的境脉。

随着虚拟学习环境的普及和推广，参照 WCAG 2.0 等国际网站可访问性评估标准，参照哈佛大学、麻省理工学院、加利福尼亚大学伯克利分校等知名国际高校在线资源的建设情况，结合虚拟学习环境的服务现状，在对无障碍思维、学习者需求、课程资源等相关内容讨论的基础上，应该逐渐形成和制定虚拟学习环境的设计规范和专项评估标准。

现在已经有越来越多的人认识到网上资源“无障碍”的必要性，政策和法令也越来越倾向于信息和资源的“无障碍”获取，关于“无障碍”的标准和产品也在不断完善和发展中。技术人员和学习资源的设计者、提供者开始学习和采用包容性设计。因此，包容性设计应当被深入到虚拟学习环境的设计和改良过程中，提供给学习者希望拥有和满意使用的服务，扩大教育受惠面，真正实现教育公平。

参 考 文 献

陈红红, 董晓辉. 2016. 网站无障碍访问的用户体验框架构建研究. 信息化研究, 42(4): 8-13.
陈家刚. 2009. 认知学徒制研究. 华东师范大学博士学位论文.
陈琦, 刘儒德. 2011. 教育心理学. 北京: 高等教育出版社.
程琼, 余露, 向斓, 等. 2010. 基于LabVIEW和MatLab的电力电子虚拟实验室的构建. 理工高教研究, 29(6): 89-91.
崔贯勋, 刘加伶, 王勇, 等. 2011. 基于VRML技术的虚拟实验室的设计与实现. 实验技术与管理, 28(1): 88-90.
戴维·乔纳森, 简·豪兰, 乔伊·摩尔, 等. 2007. 学会用技术解决问题——一个建构主义者的视角(第二版). 任友群, 李研, 施彬飞, 译. 北京: 教育科学出版社.
董华. 2011. 包容性设计: 英国跨学科工程研究的新实践. 工程研究, 3(1): 19-25.
董华, 宁维宁, 侯冠华. 2016. 认知能力测量: 基于包容性设计的文献综述. 工业工程与管理, 21(5): 111-116.
费思敦. 2012. Multi-Agent System and Distributed Data Mining Based Automated Credit Scoring System. 中南大学硕士学位论文.
高文, 徐斌艳, 吴刚. 2008. 建构主义教育研究. 北京: 教育科学出版社.
高文, 等. 2009. 学习科学的关键词. 上海: 华东师范大学出版社.
高仲慧, 林筑英, 魏高起. 2009. 基于多Agent的自适应远程教学系统模型. 贵州师范大学学报(自然科学版), 27(3): 96-99.
贺景. 2012. 教育信息化视阈下的美国“个人学校”研究. 西南大学硕士学位论文.
贺雪晨, 陈振云, 周自斌. 2012. 虚拟现实技术应用教程. 北京: 清华大学出版社.
胡燕. 2010. 交互性虚拟教室的设计与实现. 计算机测量与控制, 18(8): 1879-1882.
胡燕. 2014. 虚拟学习环境的设计研究. 北京理工大学学报, 34(9): 972-976.
胡燕, 侯建华. 2013. 混合式学习对“电子”课程双语教学的影响研究. 中国电力教育, 26: 58-59, 62.
胡燕, 彭其圣, 侯建华. 2013. “电子技术”课程虚拟实验的应用. 电气电子教学学报, 35(5): 113-114.
胡燕, 王锦程, 侯建华. 2011. 智能双语教学系统的研究. 现代科学仪器, (2): 36-40.
胡艺龄, 顾小清. 2013. 从联通主义到MOOCs: 联结知识, 共享资源——访国际知名教育学者斯蒂芬·唐斯. 开放教育研究, 19(6): 4-10.
黄荣怀, 周跃良, 王迎. 2006. 混合式学习的理论与实践. 北京: 高等教育出版社.
贾义敏. 2009. 学习的未来: 学会解决问题——戴维·乔纳森教育技术思想研究. 现代教育技术, 19(3): 5-9.

简婕. 2011. 支持高阶思维发展的数字化学习环境构建及其实证研究. 东北师范大学博士学位论文.

江有永. 2011. Multisim 和 Excel 在二极管特性实验教学改革中的应用. 实验技术与管理, 28(2): 106-109.

蒋耕晨. 2011. 虚拟实验室技术. 北京: 北京理工大学出版社.

李芒, 金林. 2013. 教育技术学导论. 北京: 北京大学出版社.

李欣. 2008. 虚拟现实及其教育应用. 北京: 科学出版社.

李妍. 2006. 乔纳森建构主义学习环境设计理论的系统研究与当代启示. 开放教育研究, 12(6): 50-56.

李妍. 2007. 乔纳森建构主义学习环境设计研究. 华东师范大学博士学位论文.

刘建国. 2009. 虚拟人情感模型及认知方法研究. 华中科技大学博士学位论文.

刘向群, 吴彬. 2010. 虚拟现实案例教程. 北京: 中国铁道出版社.

刘泽良. 2011. 发挥虚拟实验室建设对实验教学的促进作用. 实验技术与管理, 28(7): 19, 193-194.

刘志华. 2010. 教学系统设计与实践. 北京: 清华大学出版社.

乔纳森. 2007. 学会用技术解决问题：一个建构主义的视角. 任友群, 李妍, 施彬飞, 译. 北京: 教育科学出版社.

乔纳森. 2008. 技术支持的思维建模: 用于概念转变的思维工具. 顾小清, 等, 译. 上海: 华东师范大学出版社.

秦文虎, 狄岚, 姚晓峰, 等. 2009. 虚拟现实基础及可视化设计. 北京: 化学工业出版社.

任利锋. 2008. 虚拟环境中的虚拟人技术研究. 浙江大学博士学位论文.

孙江山, 余兰. 2011. 网络三维实验系统的设计与实现. 现代教育技术, 21(7): 114-117.

汤跃明. 2007. 虚拟现实技术在教育中的应用. 北京: 科学出版社.

汪航, 孙琪. 2010. 教学型虚拟实验室的应用研究. 现代远距离教育, (4): 39-41.

王靖, 陈卫东. 2011. 高校双语教学的系统化设计. 现代教育技术, 21(7): 67-71.

王正盛, 陈征. 2010. VRP10/3ds max 虚拟现实制作技能实训教程. 北京: 科学出版社.

薛庆文, 辛允东. 2012. 虚拟现实 VRML 程序设计与实例. 北京: 清华大学出版社.

杨南昌. 2010. 学习科学视域中的设计研究. 北京: 教育科学出版社.

张学军, 王阿习. 2011. 虚拟实验与真实实验整合的进一步探讨——以初中化学“实验室制取氢气”一课为例. 现代教育技术, 21(2): 132-135.

中视典数字科技有限公司. 2010. VR-Platform 软件帮助. 北京: 中视典数字科技有限公司.

R. 基思 • 索耶. 2010. 剑桥学习科学手册. 徐晓东, 译. 北京: 教育科学出版社.

R. A. 瑞泽, J. V. 邓普西. 2008. 教学设计和技术的趋势与问题(第二版). 王为杰, 等, 译. 上海: 华东师范大学出版社.

R. M. 加涅, W. W. 韦杰, K. C.戈勒斯, 等. 2007. 教学设计原理(第五版). 王小明, 庞维国, 陈保华, 等, 译. 上海: 华东师范大学出版社.

Abramovitz A. 2011. Teaching behavioral modeling and simulation techniques for power electronics courses. IEEE Transactions on Education, 54(4): 523-530.

Alonso F, Manrique D, Martínez L, et al. 2011. How blended learning reduces underachievement in higher education: An experience in teaching computer sciences. IEEE Transactions on Education, 54(3): 471-478.

Andújar J M, Mejías A, Márquez M A. 2011. Augmented reality for the improvement of remote laboratories: An augmented remote laboratory. IEEE Transactions on Education, 54(3): 492-500.

Aziz S M, Sicard E, Dhia S B. 2010. Effective teaching of the physical design of integrated circuits using educational tools. IEEE Transactions on Education, 53(4): 517-531.

Bailenson N J, Yee N, Blascovich J, et al. 2008. The use of immersive virtual reality in the learning sciences: Digital transformations of teachers, students, and social context. The Journal of the Learning Sciences, 17(1): 102-141.

Bhatti P T , Mcclellan J H. 2011. A cochlear implant signal processing lab: Exploration of a problem-based learning exercise. IEEE Transactions on Education, 54(4): 628-636.

Blignaut S, Nagel L. 2009. Cousins virtual Jane and virtual Joe, extraordinary virtual helpers. Computers & Education, 53(2): 104-111.

Bower M, Hedberg J G. 2010. A quantitative multimodal discourse analysis of teaching and learning in a web-conferencing environment—The efficacy of student-centered learning designs. Computer & Education, 54(2): 462-478.

Carpeño A, Arriaga J, Corredor J, et al. 2011. The key factors of an active learning method in a microprocessors course. IEEE Transactions on Education, 54(2): 229-235.

Chen W F, Wu W H, Su T J. 2008. Assessing virtual laboratories in a digital-filter design course: An experimental study. IEEE Transactions on Education, 51(1): 10-16.

Chuang S C. 2008. Students' perceptions of constructivist internet learning environments by a physics virtual laboratory: The gap between ideal and reality and gender differences. Cyber Psychology& Behavior, 11(2): 150-156.

Clarkson P J, Waller S, Cardoso C. 2013. Approaches to estimating user exclusion. Applied Ergonomics, 46: 304-310.

Cvetanovic M, Radivojevic Z, Blagojevic V, et al. 2011. ADVICE—Educational system for teaching database courses. IEEE Transactions on Eucation, 54(3): 398-409.

D'Mello K S, Craig D S, Witherspoon A, et al. 2012. Automatic detection of learner's affect from conversational cues. http://www.autotutor.org.

Djenic S, Krneta R, Mitic J. 2011. Blended learning of programming in the internet age. IEEE Transactions on Education, 54(2): 247-254.

Dodd B J, Antonenko P D. 2012. Use of signaling to integrate desktop virtual reality and online learning management systems. Computers & Education, 59(4): 1099-1108.

Dutta S, Prakash S, Estrada D, et al. 2011. A web service and interface for remote electronic device characterization. IEEE Transactions on Eucation, 54(4): 646-651.

Fernandez C, Zumel P, Sanz M, et al. 2011. Description and assessment of activities oriented to enhance a first course on power electronics. IEEE Transactions on Eucation, 54(4): 531-539.

Goodwin G C, Medioli A M, Sher W, et al. 2011. Emulation-based virtual laboratories: A low-cost alternative to physical experiments in control engineering education. IEEE Transactions on Education, 54(1): 48-55.

Graesser C A. 2015. Pedagogical Agent and Tutors. http://www.autotutor.org.

Han K W, Lee E K, Lee Y J. 2010. The impact of a peer-learning agent based on pair programming in a programming course. IEEE Transactions on Education, 53 (2) : 318-327.

Hu X, Graesser C A. 2004. Human use regulatory affairs advisor (HURAA): Learning about research ethics with intelligent learning modules. Behavior Research Methods Instruments & Computers, 36 (2) : 241-249.

Hu Y, Zhao G. 2010. Virtual classroom with intelligent virtual tutor. International Conference on E-education, 34-38.

Ismail A, Kuppusamy K S. 2016. Accessibility of Indian universities' homepages: An exploratory study. Journal of King Saud University-Computer and Information Sciences, 30 (4): 268-278.

Jou M, Wang J Y. 2013. Investigation of effects of virtual reality environments on learning performance of technical skills. Computers in Human Behavior, 29 (2) : 433-438.

Keates S, Clarkson J. 2003. Countering Design Exclusion: An Introduction to Inclusive Design. London, New York: Springer.

Kesswani N, Kumar S. 2016. Central accessibility analysis of websites of educational institutions. Perspectives in Science, 8 (C) : 210-212.

Koretsky M D, Amatore D. 2013. Enhancement of student learning in experimental design using a virtual laboratory. IEEE Transactions on Education, 51 (1) : 76-85.

Nistal M L, Rodriguez M C, Castro M. 2011. Use of e-Learning functionalities and standards: The spanish case. IEEE Transactions on Eucation, 54 (4) : 540-549.

Mendez J A, Gonzalez E J. 2011. Implementing motivational features in reactive blended learning: Application to an introductory control engineering course. IEEE Transactions on Education, 54 (4) : 619-627.

Merchant Z, Goetz E T, Keeney-Kennicutt, et al. 2012. The learner characteristics, features of desktop 3D virtual reality environments, and college chemistry instruction: A structural equation modeling analysis. Computers & Education, 59 (2) : 551-568.

Mitchell J E. Canavan B, Smith J. 2010. Problem-based learning in communication systems: Student perceptions and achievement. IEEE Transactions on Education, 53 (4) : 587-594.

Munoz-Merino P J, Kloos C D, Munoz-Organero M. 2011. Enhancement of student learning through the use of a hinting computer e-Learning system and comparison with human teachers. IEEE Transactions on Education, 54 (1) : 164-167.

Ovadia S. 2010. Navigating the challenges of the cloud. Behavioral & Social Sciences Librarian, 29 (3) : 233-236.

Ozturk O. 2011. Multicore education through simulation. IEEE Transactions on Education, 54 (2) : 203-209.

Regueras L M, Verdú E, Verdú M J, et al. 2011. Design of a competitive and collaborative learning strategy in a communication networks course. IEEE Transactions on Education, 54 (2) : 302-307.

Russa G L, Sutinen E. 2008. Avatar aided e-Learning fundraising system. Eight IEEE International Conference on Advanced learning technologies, 246-249.

Samper D, Santolaria J, Pastor J J, et al. 2010. Teaching camera calibration by a constructivist methodology. IEEE Transactions on Education, 53(4): 646-652.

Sanders D A, Bergasasuso J. 2010. Inferring learning style from the way students interact with a computer user interface and the WWW. IEEE Transactions on Education, 53(4): 613-620.

Simoni M. 2011. Using tablet PCs and interactive software in IC design courses to improve learning. IEEE Transactions on Education, 54(2): 216-221.

Stefan L. 2012. Immersive collaborative environments for teaching and learning traditional design. Procedia-Social and Behavioral Sciences, 51(1): 1056-1060.

Tang H , Fu Y. 2008. Humanoid audio-visual avatar with emotive text-to-speech synthesis. IEEE Transactions on Multimedia, 10(6): 969-981.

Telepresence. 2015. http://www.therenow.net.

Thomas M S, Kothari D P, Prakash A. 2011. Design, development, and commissioning of a substation automation laboratory to enhance learning. IEEE Transactions on Education, 54(2): 286-293.

Treviranus J, Stolarick K, Densted M, et al. 2010. Leveraging Inclusion and Diversity as Canada's Digital Advantage. http://core.ac.uk/display/80191832.

Treviranus J. 2014. Leveraging the Web as a Platform for Economic Inclusion. Behavioral Sciences and the Law, 32(1): 94-103.

Tsai S C. 2009. Courseware development for semiconductor technology and its application. Computers & Education, 52(4): 834-847.

Tsai W T, Wu L, Elston J, et al. 2011. Collaborative learning using Wiki Web Sites for computer science undergraduate education: A case study. IEEE Transactions on Education, 54(1): 114-124.

Tuncalp K. 2011. A mixed learning approach in mechatronics education. IEEE Transactions on Education, 54(2): 294-301.

Vanderheiden G C, Treviranus J, Gemou M, et al. 2013. The evolving global public inclusive infrastructure (GPII)//Stephanidis C, Antona M. Universal Access in Human-computer Interaction. Design Methods, Tools, and Interaction Techniques for Inclusion. Berlin: Springer Berlin Heidelberg.

Wang M H, Jia H Y, Sugumaran V, et al. 2011a. A web-based learning system for software test professionals. IEEE Transactions on Education, 54(2): 263-272.

Wang S Q, Liu Z Y, He S. 2011b. Study and practice: How to construct open classroom in higher education via virtual classroom. International Conference on E-business and E-government, 8272-8275.

Xiong W J, Liu Z, He S H. 2008. Virtual tutor in children traffic safety education software. IEEE Symp. Computational Intelligence and Design, (10): 371-374.

Xu Q S, Lai L L. 2011. A multiple-sessions interactive computer-based learning tool for ability cultivation in circuit simulation. IEEE Transactions on Education, 54(1): 56-62.

Yamamoto T, Miyashita R. 2008. A progress report and a proposal: Interactivity in ubiquitous learning enhanced by virtual tutors in e-Learning contents. IEEE Conference on Sensor Networks, 564-568.